방심하지 맙시다

흐르는 시간의 길목에 서서

작은
소리

작은소리는 하나님께서 엘리야 선지자에게 들려주신 세미한 음성을 상징합니다. 좌절하고 낙심했던 엘리야는 하나님의 작은 소리로 새 힘을 얻었습니다. 성경을 통해 이 시대를 향한 하나님의 세미한 음성을 전달하는 사명으로 출판 사역을 합니다. 도서출판 작은소리는 이 시대를 사는 사람들의 '하나님 깨닫기'를 돕고자 합니다. 작은 소리가 삶을 흔드는 큰 소리가 되기를 소망합니다.

방심하지 맙시다

흐르는 시간의 길목에 서서

이 문 장 지음

목차

들어가는 글

들어가는 글

우리는 이 세상을 어떻게 볼 것인가?

바둑의 실력자는 남들이 보지 못하는 수手를 봅니다. 그들을 고수高手라고 합니다. 바둑판을 아무리 뚫어지게 보아도 하수下手에게는 수가 보이지 않습니다.

무술의 세계도 마찬가지입니다. 어느 경지에 오르게 되면 상대방의 급소나 약점이 보인다고 합니다. 그러면 싸움에 고수가 됩니다.

바둑의 세계나 무술의 세계나 경지에 오른 사람은 남들이 보지 못하는 것을 봅니다. 그렇게 눈이 열려야 고수가 됩니다.

성경은 보아야 할 것을 보면서 살 것을 우리에게 주문합니다.

예수님은 공중 나는 새와 들에 핀 백합을 보라고 하셨습니다. 새 보기 혹은 꽃 보기를 하라는 말씀이 아닙니다. 공중에 나는 새와 들에 핀 백합을 보면서 새들을 먹이시고 꽃들을 입히시는 하나님을 보라는 것입니다. 우리 눈에 들어오는 삼라만상을 보면서 창조주 하나님의 현존을 보고 하나님의 손길을 느끼라는 것입니다.

남들이 보지 못하는 것을 보는 사람을 '깬 사람'이라고 말합니다. 바울은 우리가 이제 자다가 깰 때가 되었다고 하였습니다. 예수님을 믿고 따르는 사람은 누구나 깬 사람으로 이 세상을 살아야 합니다. 눈을 밝히 떠 이제까지 보지 못했던 것을 보며 살아야 합니다.

작금 나라 안팎이 매우 복잡합니다.

복잡하지 않았던 적이 없기도 하지만 요즘 특히 더욱 복잡한 듯합니다. 이러한 때에 우리의 세상 보기는 어떠해야 할까요?

이 책은 필자가 외국에 머물던 때 썼던 글들의 일부를

모아 본 것입니다.

싱가포르와 미국 보스턴에서 교수로 있을 때 새음교회 소식지에 〈신학자가 본 세상〉이라는 제목으로 틈틈이 기고했었습니다. 한국에 귀국한 이후에는 목회 칼럼의 형식으로 글을 실었습니다.

이 글들의 현장성이 지금도 전혀 손색이 없다는 출판팀의 격려로 용기를 내어 책으로 엮어 보았습니다.

모쪼록 이 책을 읽으시는 모든 분들께 작은 유익이라도 드릴 수 있기를 바랍니다.

2021년 11월

한다리마을에서

이 문 장 목사

1부

싱가포르에서

(2001-2005)

방심放心하지 맙시다

'끝까지 방심하지 말라!'

종종 듣는 말이다. 방심하다가 일을 그르치는 경우가 많기 때문이다. 다 이긴 경기에서 막판 방심으로 지는 경우가 발생한다. 바둑 대국에서도 끝내기에서 방심하다가 판이 뒤집어지는 일들이 일어난다. 사업에 성공한 사람들 가운데 방심한 결과 회사를 어렵게 만들거나 결국 망하게 되었다는 이야기를 종종 듣는다. 초심을 잃고 자만에 빠진 정치인이 몰락하는 경우도 적지 않다. 목회자들의 경우에도 초심을 잃고 무너지는 경우가 있다.

모두 방심한 결과이다.

바울도 "선 줄로 생각하는 자는 넘어질까 조심하라"고 하여 방심은 금물이라는 경고를 주었다.

지혜의 왕 솔로몬은 "모든 지킬 만한 것 중에 더욱 with all diligence 네 마음을 지키라 생명의 근원이 이에서 남이니라"고 하였다.

방심하지 않으려면 무엇보다 마음을 지켜야 한다. 우리가 이 세상을 살면서 지켜야 하는 것들이 많지만 그 중에서 으뜸이 마음을 지키는 일이다. 생명의 샘이 마음으로부터 흐르기 때문이다.

마음 지키기는 어떻게 하는가?

첫째로, 마음 지키기는 신령한 일이라고 인식한다.

하나님이 태초에 이 세상을 창조하실 때, 하나님의 영이 수면 위를 운행하셨다. '운행하셨다'는 '지키다'와 같은 의미이다. 하나님의 영이 모든 생명의 근원인 물 위를 운행하고 지키셨다.

그와 같이 우리도 이 세상에 사는 동안 마음을 지켜야 한다. 마음을 지키는 일은 생명의 근원을 지키는 신령한 일이다. 이것은 우리의 역할이고 사명이기도 하다.

둘째로, 부지런히 마음을 지킨다.

우리는 부지런하게 살아야 한다. 그런데 마음을 지키는 일에 가장 부지런해야 한다. 정성을 다해서 마음을 지켜야 한다.

셋째로, 마음 전체를 감시한다.

우리 마음에는 들어오지 말아야 할 것들이 들어온다. 사람들의 말이 들어오고, 눈과 귀를 통해서 들어오는 것들도 많다. 우리 마음에 들어온 정보들은 우리에게 지대한 영향을 미친다. 그렇기 때문에 무엇이 우리 마음에 들어오는지 잘 감시해야 한다.

넷째로, 생각을 방어한다.

생각은 우리 마음에서 생산된다. 주위 사람들과 대화하는 가운데 생각이 주입되는 경우, 내가 접하는 정보를 근거로 내 안에 생각이 올라오는 경우 그리고 주어진 상황이 생각을 일으키는 경우가 있다.

우리 속에 올라오는 생각들 가운데 부정적인 것들은 방어하고 막아야 한다. 영적으로 깨어 있으면 어떤 생각을 막아야 할지 받아야 할지 분별할 수 있다. 깨어 있어 감시를 하지 않으면 나도 모르는 사이에 부정적인 생각이 슬그머니 들어와 우리에게 영향을 미치게 된다.

사람들의 말을 들을 때 방어하면서 들어야 한다. 넋을 놓고 나도 모르게 무방비로 내 자신을 열어놓지 않도록 한다.

다섯째, 말씀으로 지킨다.

하나님의 말씀으로 마음을 지킬 수 있다. 말씀은 마음을 비추는 빛이다. "참 빛 곧 세상에 와서 각 사람에게 비추는 빛이 있었나니."

어두운 건물의 구석구석을 살피려면 빛이 있어야 하듯이, 마음의 생각들을 살피는 빛은 하나님의 말씀이다.

이 세상에 태어나 살면서 이 세상의 영향을 받지 않고 사는 것은 매우 힘든 노릇이다. 하지만 마음을 지키면 우리 몸과 마음과 영혼이 살아난다. 우리 마음 안에 생명의 근원이 솟아오르게 된다.

그러니 이제부터라도 방심하지 말자!

정치의식과 복음의 진보

요즘 대통령 선거가 단연 화두이다.

그런데 선거를 준비하는 각 정당의 행보를 보면서 대다수 국민들이 짜증이 나는 것 같다. 한국의 정치 문화, 그리고 그것을 떠받치고 있는 사회 시스템이 정상적으로 작동을 하는지 안타까운 생각이 든다. 이런 시스템을 가지고도 국가로 존립하고 더 나아가 국제 경쟁력을 말하는 것이 기이하게 느껴지기도 한다.

한국인은 정치에 관심이 많다. 한국인의 정치의식도 꽤 높아졌다고 한다. 그러나 기실 우리의 정치의식은 그리 높지 않은 것 같다. 정치에 관심을 가지는 것과 정치의식이 있다는 것 사이에는 큰 차이가 있다. 정치를 하는 사람들에게서도 정치의식은 별로 보이지 않는다.

국민의 정치의식이 높다면 정부가 거짓말로 국민을 속이고 국민을 무시하는 일은 쉽지 않을 것이다. 국민의 정치의식이 높다면 정권을 잡은 사람들이 국민의 호주머니를 번갈아가면서 무지막지하게 도둑질 할 수 없을 것이다.

예나 지금이나 우리는 정치의 영향을 받으며 산다. 정치와 상관 없이 산다고 말할 수 있는 사람은 아무도 없다. 정치는 우리의 삶의 현실에 직접 혹은 간접으로 영향을 미치고 있다. 우리는 정치적 현실에 민감해야 한다. 가장 중요한 이유는 우리가 사는 세상을 공의로운 세상으로 만들고 동시에 복음이 전해질 수 있는 환경을 조성해야 하기 때문이다.

마가는 세례 요한의 사역을 다음과 같이 묘사한다.

"광야에 외치는 자의 소리가 있어 가로되 너희는 주의 길을 예비하라 그의 첩경을 평탄케 하라"

세례 요한은 주의 길을 예비하도록 보냄을 받은 사람이었다. 예수님이 사역을 하시기에 적절한 환경을 조성하도록 요한이 선발대로 파송되었다. 길을 닦는 작업을 하도록 한 것이다. 첩경을 평탄케 make His paths straight 하는 일은 산지를 평지와 같이 일직선으로 길을 닦는 일이다. 산지에 평탄한 길을 어떻게 낼 수 있는가?

언덕은 깎고 골짜기는 메꾸어 평지로 만들어야 한다. 그렇게 길이 닦이면 예수님이 오셔서 사역을 시작하신다는 뜻이다.

성경에서 언덕은 인간의 교만과 착취와 불의와 압제를 의미한다. 골짜기는 가난과 억울함과 압제 당함을 의미한다. 권력을 남용하여 착취하고 위협하고 죽이고 백성을 무시하던 사람들은 낮아지게 만들고, 가난하고 억울함과 압제를 당하는 사람들은 높아지도록 만드는 일이다.

이런 정지 작업을 통해 정의롭고 투명한 사회를 만들면 복음의 진보가 수월해진다.

세례 요한이 무엇 때문에 죽었는지 상기할 필요가

있다. 그가 죽임을 당한 것은 당대 절대 권력자인 헤롯의 불법적 결혼을 공개적으로 비판했기 때문이다. 그것은 정치 지도자의 윤리 문제를 거론한 것이었다.

세례 요한은 고도의 정치의식을 갖고 현실에 관여하였다. 목숨을 잃을 수 있는 위험한 사안이었지만 개의치 않고 정의로운 세상을 위해 절대 권력자를 공개 비판했다. 그것이 세례 요한이 우리에게 보여준 마지막 모습이다. 그의 죽음은 예수님의 길을 예비하는 것이 무엇을 의미하는지 우리에게 알려 준다.

흔히 우리는 교회가 본질에서 일탈한 부끄러운 모습이 복음 증거에 악영향을 미친다고 생각한다. 틀린 말은 아니다. 그러나 보다 심층을 들여다보면 한국의 사회 구조가 더 큰 장애물이 되고 있다는 사실을 발견한다. 한국의 사회 구조는 하나님의 공의가 시행되는 그런 구조가 아니다. 부정과 부패, 불의와 불공평이 판을 치는 한국 사회는 구조적으로 복음의 진보를 방해하고 있다.

하나님의 공의가 시행되는 사회를 이루는 것이 복음 진보를 위한 지름길이라는 의식이 깨어나야 한다.

견자見者의 성탄절

이곳 싱가포르에도 성탄절 분위기가 한창이다.

싱가포르는 적도 지역에 있어 일 년 내내 열대야夜로 지내는 무더운 곳이다. 그래도 성탄절 장식이 온 거리를 수놓고, 상점마다 크리스마스 캐럴이 크게 울리고 있다.

90년대 초 스코틀랜드에서의 성탄절은 매우 특이했던 기억이 난다. 에든버러의 시내 거리에는 크리스마스 장식이 보이지 않았다. 크리스마스 캐럴도 들리지 않았다. 전 세계가 성탄절을 흥겹게 맞이하고 들떠 지내는데, 그곳은 마치 딴 세상 같았다.

장로교의 본산인 스코틀랜드 교회에서는 성탄절 예배도 없었다. 우리가 흔히 불렀던 성탄절 노래도 부르지 않았다. 새해를 지나 1월 중순이 되어서야 예수님 탄생 기념 주일을 지냈다.

　그 때 비로소 우리에게 익숙한 성탄절 찬송 한 두 곡을 불렀는데, 12월 성탄절기가 한참 지난 다음에 성탄절 찬송을 부르려니 분위기가 영 애매했던 기억이 난다.

　그런데 90년대 후반에 들어서면서 스코틀랜드에도 성탄절 장식이 등장하고, 상점과 거리마다 캐럴도 들리고, 우리에게 익숙한 성탄절 분위기도 연출되었다.

　물론 그러한 변화는 교회가 주도한 것은 아니다. 상업적 의도에서 사람들의 소비를 조장하기 위한 상술의 방편으로 성탄절 무드가 도입되었을 뿐이다.

　우리에게 성탄 절기는 구세군의 자선 남비의 등장과 함께 시작된다. 성탄 선물, 산타클로스와 썰매, 크리스마스 장식, 고아원 방문, 양로원 방문, 불우이웃돕기, 새벽송, 헨델의 메시아 공연, 상점들의 대목잡기 바겐세일, 크리스마스 이브 행사, 성탄 감사 예배 등 성탄절을 연상시키는 이미지들은 다양하다.

이러한 이미지들이 우리의 성탄절 문화를 만들고, 우리는 그 문화에 동참한다. 그리고 분주한 연말을 보낸다. 만나는 사람마다 즐거운 성탄과 복된 새해를 기원하면서.

예수님의 첫 번째 성탄절도 메리 크리스마스였다. 다만 예수님의 탄생을 알아본 사람이 소수였고, 그들이 기뻐했던 내용이 오늘날 성탄절기와 달랐다는 차이가 있을 뿐이다.

요셉과 마리아는 유대교의 정결법에 따라 탄생한 아기 예수에게 결례潔禮 purification를 행하러 예루살렘에 올라갔다. 그 때 예루살렘에서 성탄을 알아 본 사람은 예루살렘 주민이었던 시므온과 연로한 여선지자 안나 두 사람 뿐이었다.

그들은 아기 예수를 보고 하나님의 구원 계획의 성취를 보았다. 예수를 품에 안았던 그들은 새 시대의 도래를 알아차렸다. 새 역사가 열리는 것을 보았다. 그들은 이 땅에 내려오신 하나님을 본 소위 견자見者들이었다.

당시 이스라엘은 로마의 압제 아래 신음하며 억눌린 삶을 살았다. 가난하고 궁핍한 시대를 살았다. 한 치 앞도 보이지 않는 고난의 역사를 통과하고 있었다.

그러한 암울한 시대였지만 아기 예수의 탄생을 본 그들의 가슴에 찬송과 감사와 기쁨과 감격이 솟아올랐다. 그 감격과 기쁨을 '예루살렘의 구속을 바라는 모든 사람에게' 나누어 주었다.

그들에게 성탄은 하나님의 임재를 눈으로 확인하는 체험이었다.

오늘 우리의 현실도 순탄하지 않다.

개인, 가정, 교회, 국가 모두 쉽지 않은 시절을 통과하고 있다. 국내외로 풀어야 할 난제들도 많다. 희망적인 소식 보다는 답답한 사건 사고 소식이 우리의 마음을 무겁게 한다.

그러나 성탄은 우리에게 언제나 새 소망을 준다. 예수님을 통해 하나님이 우리 가운데 함께하심을 눈으로 보고, 새로운 일들이 일어날 것을 기대하면서, 기쁨과 감사와 감격을 맛보게 한다. 이것이 성도들이 맞이하는 성탄절이다.

이번 성탄절이 모두에게 기쁜 절기가 되기를 바란다.

연말과 생각의 세계

올 한 해도 어느덧 끝자락에 이르렀다. 조만간 올해 역시 역사의 흐름에서 다시 반복될 수 없는 과거가 될 것이다. 아쉬움이 남아도 어쩔 수 없는 일이다. 시간의 흐름은 멈출 수 없다. 이렇게 시작이 있고 끝이 있다는 사실은 매우 기본적이면서도 동시에 매우 깊은 하늘의 원리이다.

올해는 유난히 바쁜 한 해였다는 생각이 든다. 말 그대로 다사다난多事多難이었다. 그 가운데 지난 여름에 있었던 월드컵 경기는 기억에 두고두고 남을 일이다.

한국 축구가 세계 4강에 오른 것은 믿기지 않을 정도로 신나는 일이었다. 외국에 살고 있는 교포 2세, 3세들도 한국을 자랑스러워 했다.

월드컵 경기가 끝난 후 히딩크 감독에 대한 다양한 조명이 있었다. 히딩크식 경영과 리더십이니, 그에게서 무엇을 배워야 한다, 하는 다양한 글들이 쓰였다.

히딩크 감독에 대한 많은 언급들 가운데 특히 필자의 주목을 끈 것은 그가 기술보다 한국 선수들의 체력을 강화하는 훈련을 시켰다는 부분이었다.

모든 운동에서 체력 훈련은 상식이다. 한국 선수들과 지도자들은 나름대로 체력에 자신이 있다고 생각했던 반면, 히딩크는 여전히 체력 훈련이 한국 선수들에게 가장 절실하게 필요하다고 생각했다.

히딩크의 기준이 달랐던 것이다. 히딩크의 '다른 기준'이 한국 축구를 세계 4강으로 끌어 올린 것이다.

다른 운동 영역에서도 세계 정상에 올라간 선수들은 기본기 훈련에 무섭게 철저하다. 미국 프로 골프계에서 한국의 남녀 선수들이 실력을 인정받고 있다. 여자 선수들은 말할 것도 없고, 남자 선수 가운데에도 최경주 선수가 세계 정상급 선수로 당당히 자리매김을 했다.

이곳 싱가포르에도 골프에 관심 있는 사람들은 케이제이 최K. J. Choi를 모르는 사람이 없을 정도이다. 최경주 선수는 프로 골프 선수들 사이에서도 연습 벌레로 소문이 나 있다. 기본기를 익히는 치열한 훈련을 하고 있기에 세계 정상급에 오를 수 있었다.

기본기 훈련의 중요성은 악기를 연주하는 사람들이나 지적 활동의 영역에서도 매한가지로 중요하다. 상식적이지만 핵심이 아닐 수 없다.

생각의 세계도 동일하다.

생각의 세계에도 초보가 있고 프로가 있다. 즉 초보적인 생각이 있고 프로다운 생각이 있다. 생각의 세계에도 훈련이 필요하다. 훈련 없이는 깊은 생각의 세계에 들어갈 수 없다. 기본기가 다져져 있는 바탕 위에서 치열한 연습을 통해 생각 실력을 키우게 된다.

신앙생활은 생각을 훈련하고 생각 실력을 키우는 과정이다. 영적인 생각 혹은 성경적인 생각을 소유하게 될 때 우리는 생각의 세계에 프로가 된다.

예수님이 잡히시기 전날 밤, 최후의 만찬 석상에서 하

나님께 기도하시면서 "내 기쁨"을 말씀하셨다. 죽게 된 상황에서 어떻게 기쁨을 말할 수 있을까? 이것이 가능한 일인가? 이 세상 경험과 기준으로 말하면 그것은 어려운 일이다.

예수님의 생각의 기준이 이 세상의 기준과 달랐기 때문에 가능했다. 이것이 영적으로 최고 높은 경지에 오른 프로의 생각이다.

한 해가 저물 때마다 우리는 생각 실력이 얼마나 나아졌는지 점검해야 한다. 얼마나 열심히 생각 훈련을 했는지 되돌아보자. 한 해를 시작할 때의 생각 실력과 현재의 생각 실력에 수준 차이가 있어야 할 것이다.

운동선수들은 세계 정상에 올랐다가도 세월이 흐르면 은퇴를 한다. 그러나 생각의 세계에는 은퇴가 없다. 끊임없는 실력 향상이 있을 뿐이다.

새해에는 우리 모두 생각의 세계에 프로가 되기를 소망해 본다.

한국 사회의 고질병

에든버러에서 교수로 재직할 때 일이다. 강의를 마치고 연구실로 돌아가는데 한 한국 학생이 필자를 따라왔다. 그리고 이렇게 말했다. "교수님, 아까 그 학생이 조금 심한 거 아닌가요? 제가 죄송했습니다."

강의 도중에 한 학생이 손을 들고 필자의 강의 내용에 이의를 제기하였다. 그에 대해 필자는 아무렇지도 않게 대화를 나눴고, 오히려 그 학생의 의견에 부분적으로 동의했다.

한국적 분위기에 익숙해 있던 한국 유학생에게는 그

런 모습이 뭔가 석연치 않게 생각되었던 모양이다. 혹시나 필자의 기분이 상하지 않았나 싶어 같은 한국인의 입장에서 기분을 풀어주려고 따라 온 것이었다. 그러한 일은 영국의 강의실에선 매우 자연스러운 일이라는 사실을 그 학생이 몰랐던 것이다.

필자도 동료 교수들의 글을 읽고 다른 의견을 얼마든지 자연스럽게 개진하고, 상대방도 그런 지적을 오히려 고맙게 생각한다. 필자가 쓴 글들도 그들이 그렇게 읽어주기를 기대한다. 학문의 세계에는 그런 자유함이 있다.

강의 도중에 학생이 교수님과 다른 의견을 피력하는 것이 허용되지 않는 한국의 경직된 분위기가 새삼 느껴져 안타까운 마음이었다.

이런 경험도 있었다. 필자는 가끔 한국의 어느 신학 저널에 글을 보냈다. 한번은 마침 한국에서 여행차 에든버러에 들렀던 형제가 있었다. 그 형제에게 필자의 원고를 한번 읽어 보도록 했다. 글을 다 읽고는 그 형제가 이렇게 말했다. "이런 글이 실리면 동의하지 않을 사람들이 꽤 있겠는데요. 괜히 적을 만들 필요가 있나요?"

내색은 하지 않았지만, 그 말을 듣고 어이가 없었다.

다른 생각, 다른 견해가 내 생각의 지평을 확장하고 깊게 할 기회라고 여기지는 못하더라도, 다른 생각을 표현하면 곧 적을 만들지 모른다는 발상에 숨이 막히는 것 같았다. 이러한 풍토야말로 한국 사회의 고질병이란 생각이 들었다.

최근 한국 사회에서 목격되는 여러 현상들을 보면서 그런 어이없음과 가슴 답답함을 느끼게 된다. '내 입장과 다른 사람은 나의 적이다'라는 의식이 사회 구석구석에 둥지를 틀고 있는 것을 보게 된다.

다른 입장에 있는 사람이라 할지라도 맞는 말이면 '맞다'고 인정해 줄 수 있는 아량이 있어야 한다. 내 입장은 옳고 다른 사람들의 입장은 모두 틀렸다는 식으로는 도무지 대화의 가능성이 없다.

그런 분위기에서는 우리의 정신세계가 건전해질 수 없다. 서로가 서로를 무너트리려고 하는 삭막한 세상이 될 것이다. 그래서는 한국 사회의 체질과 경쟁력이 약화될 뿐이다.

최근 대통령 당선자가 정치권에 '토론과 대화'를 정착

시키려 한다는 취지의 말을 했다. 정치권의 '토론과 대화'는 한국 사회에 거의 지각 변동이 일어나야 실효를 거두지 않겠나 하는 의구심이 들기도 한다.

역으로 정치권에 토론과 대화가 가능하다면 한국 사회에 파격적이면서도 긍정적인 영향을 미칠 수 있겠다는 기대도 조금은 갖게 된다.

대충하지 맙시다

한국 젊은이들이 유럽에 배낭여행을 열심히 다니던 무렵에 있었던 일이다. 한국인 여행객들과 일본인 여행객들 사이에 묘한 신경전 같은 것이 있었다고 한다. 일본인 젊은이들이 한국인의 이미지를 흐리기 위해서 음식점이나 가게에 들어가 주문을 하고는 '빨리빨리'라고 외쳤다고 한다. 그에 질세라 한국인 여행객들도 일본어 한 두마디 익혀서 일본인 행세를 하였다.

그런데 '빨리빨리'라고 말하면 외국인들이 한국인으로 알아본다는 측면이 필자에게는 그냥 웃고 넘길 사안이 아니라고 생각되었다. '한국인 = 서두르는 민족'이라는 등식이 불편하게 느껴졌기 때문이다.

한국인의 조급증이 곳곳에 문제를 일으킨다는 것은 온 세상이 다 알고 있는 사실이 아닌가 싶다. 최근에는 한국인의 '빨리빨리' 습성이 인터넷 시대에 체질적으로 잘 맞는다는 근사한 평가도 있다. 한국인의 조급함이 마치 '이 때를 위함이라'는 식의 어이없는 논리가 약간의 설득력도 얻고 있는 듯하다.

스피드 시대가 도래하면서 느리고 더딘 것을 참지 못하는 한국인이 제 물을 만난 것이라는 발상은 듣기에 기분 좋은 말일지 모른다. 하지만 우리의 '빨리빨리' 정서 이면에 있는 '대충대충' 습성이 우리 사회에 만연해 있고 이것이 큰 장애물이다.

스피드 시대에는 그 어느 시대 보다 훨씬 더 고도의 치밀함과 빈틈없음을 요구한다. 조그마한 결함으로 인해 우주 왕복선이 공중에서 폭발되는 것을 우리 눈으로 목격하기도 하였다.

한국 사회는 좀 더 침잠하고 좀 더 차분해질 필요가 있다. 그런 측면에서 스피드 시대에 '빨리빨리' 근성은 어쩌면 어울리지 않는지 모른다.

　신앙의 세계는 빈틈이 없는 세계이다. 빈틈이 없어야
하는 세계이다. 그곳은 기계적인 완벽과 완전을 추구하
는 세계는 아니다. 형식적 정밀도를 높이는 것은 신앙의
세계가 추구하는 자유와 평안을 삭감시킨다.

　우리는 인간적인 여유가 가지는 가치를 지켜야 한다.
그러나 그와 더불어 온전함을 추구하여야 한다. '대충'과
'대강'은 기독교적 사고방식과 거리가 멀다.

　우주를 경영하시는 하나님은 세밀하시다. 우주의 운
행에 '대충'과 '대강'은 통하지 않는다. 우리는 하나님의
세밀하심을 닮아야 한다. 그러면 '대충'과 '대강'이 판을
치는 한국의 정신세계에 분위기를 쇄신하는 역할을 할
수 있지 않을까 싶다.

지피지기 知彼知己

필자가 영국에서 살면서 TV를 시청할 때마다 느꼈던 현상이다. 영국 TV는 전 세계에서 일어나는 일들을 마치 자기들과 상관이 있는 양 보도한다. 영국 사람들이 이미 사라진 과거 대영 제국 시대의 의식을 여전히 갖고 있는 것은 아닌가 하는 느낌이 물씬 든다.

물론 한편으로는 경제적으로나 국제 정치적으로 자국의 변화된 위상을 인정하는 분위기도 없지 않다.

언젠가 성공회 캔터베리 대주교가 '이제 영국은 작고 평범한 small and ordinary 나라일 뿐'이라는 말을 해서 영국인들의 자존심을 몹시 건드린 적이 있었다.

변화된 현실을 인정하는 것이 영국인들로서는 고통스러운 일일 것이다. 그래도 경제적인 측면에서나 국제 정치적 현실에서 자신의 실상을 파악하고 그런 흐름 속에서 국가 이익을 추구하는 그들의 실용적 사고와 탁월한 현실감각은 매우 인상적이다.

어느 원로 교수의 말이 기억에 새롭다.

필자가 대학생 시절이던 1980년 봄, 경제학 원론 과목을 수강했었다. 그 과목을 가르친 교수님은 경제학과 원로셨는데, 수업을 시작하기 전에 항상 학생들을 물끄러미 바라보시면서 '가난한 민족 불쌍한 백성'을 혼잣말처럼 하시곤 했다. 당시는 정치적으로 혼란한 시기였고, 한 치 앞도 내다보이지 않는 암울한 시대였다.

세월이 흘러 지금은 '가난한 민족'이라는 표현이 무색할 정도로 우리나라는 윤택해졌다. 정치의 민주화도 상당한 진전이 있었으니 '불쌍한 백성'이라는 표현도 어색하게 들릴 것이다.

필자는 우리 사회를 보면서 '순진한 백성'이라는 생각

을 하게 된다. 우리에게서 실용적 사고와 현실감각이 잘 보이지 않는 것 같기 때문이다.

오히려 우리의 사고 속에 거품이 낀 듯 보인다. 우리 자신의 실상을 객관적으로 파악하는 능력이 부족해 보이고, 상대방을 관찰하고 이해하는 능력은 좀 더 부족한 것 아닌가 싶다.

지피지기知彼知己에 부족함이 있다는 느낌을 지울 수 없다.

최근 말레이시아 교계 지도자가 필자에게 한국 선교사들에 대한 아쉬움을 토로했다. 한국 선교사들은 열성도 있고 자질도 훌륭한데 한 가지 큰 결점이 있다고 한다. 그것은 '상대방에 대해 알려고 하지 않는다'는 것이었다.

한마디로 자신의 주제를 파악하고 객관적 시각으로 스스로를 바라보는 자아 성찰적 시각이 부족하다는 것이다. 한 걸음 더 나아가 다른 사람의 입장은 아예 무시하고 들어가는 매우 특이한 사고를 갖고 있다는 것이다.

오늘날 기독교는 서구 선교사들의 희생과 헌신의 결과로 세계적인 현상이 되었고, 교회 역시 전 세계 어디

에나 편만하게 존재하고 있다. 그럼에도 불구하고, 한국 선교사들은 마치 전 세계가 복음의 불모지인 양 '우리가 세계 선교의 시대적 사명을 감당해야 한다'고 생각한다.

현지 교회와 기독교인들의 존재 자체를 무시하기도 하고, 그들의 정서나 현지 문화에 대한 고려가 없는 일방 통행식의 선교를 하고 있다.

그로 인해 엄청난 액수의 선교비를 갖다 쓰면서도 현지인들에게 그다지 좋은 인상을 심어주지 못하고 있다. 경우에 따라 현지인에게 이용당하는 사례도 적지 않은 것이 선교 현장의 실정이다.

북한 문제에 대한 우리의 대처 방식에서도 우리의 '순진성'과 '거품의식'이 보이는 것 같아 안타깝다.

우리의 입장에서는 자주적이고 주체적인 역량에 기초한 평화적 문제해결에 집중하려고 애를 쓴다. 막대한 경제적 지원도 제공한다. 그런데 북한은 시종일관 남한의 주체적 역량과 역할을 무시하고 있다.

우리 정부가 상상하는 통일의 길과 북한이 상상하는 통일의 길에 오차가 얼마나 있는지 좀 더 냉철한 검토가 필요해 보인다. 분명 존재하는 오차를 무시하거나 방치

한다면 우리 국민이 느끼는 불안과 우려는 수그러들지 않을 것이다.

우방에게 무시를 당하고, 북한에게도 무시를 당하는 일은 결코 일어나지 말아야 한다.

비둘기 같은 순전함과 동시에 뱀 같은 지혜가 절실히 필요한 때이다.

민주적 환경과 민주적 원칙

우리 주변의 상황이 매우 어수선하고 혼돈스럽다.

'혼돈이 새로운 질서를 만들 것이다' 혹은 '위기가 기회다' 하는 말들도 이제는 다소 진부하게 들린다. 국민의 마음을 위로하고 격려해 줄 '꺼리'들이 잘 보이지 않는다. 사람들 속에 울화만 쌓여가고 좀처럼 풀릴 기미가 보이지 않는다.

필자의 생각에는 한국인의 집단적 울화 현상의 원인은 우리 사회를 지탱해 온 질서 혹은 원칙이 무너졌기 때문이 아닐까 싶다.

필자가 잘 아는 어느 교수님의 경험담이다.

그분은 영국에서 박사 학위를 마치고 모교로 돌아와 교수가 되었다. 그는 영국에서 유학하는 동안 교수와 학생들 사이에 격이 없이 지내는 모습에 감동을 받았다. 교수는 불필요하게 권위적이지 않았고, 학생들도 교수와 가깝게 지내는 민주적인 모습이었다.

그래서 한국에 돌아와 교수가 된 다음 교수실의 문턱을 낮추었다. 처음에는 학생들이 낯설어 했는데, 교수가 격이 없이 대하는 것에 점차 익숙해졌다. 그런데 친숙한 관계가 어느 정도 진전되자 학생들이 조금 도에 지나친 행동들을 보이기 시작했다.

하루는 학생들이 교수님에게 허락도 받지 않고 교수실에서 라면을 끓여 먹었다. 교수와 학생 사이에 격이 없이 지내는 것은 좋지만, 그것은 상호간 지켜야 할 기본 원칙과 질서를 깨지 않을 때, 서로가 지켜주어야 할 경계선을 넘지 않을 때, 비로소 가능한 일임을 깊이 느꼈다고 한다.

우리 사회에는 아직 민주적 환경을 만들고 유지하는 데 필요한 기본 원칙과 질서가 의식화되고 학습되고 있지 않다는 사실도 새삼 깨닫게 되었다고 한다. 그래서 교수실의 문턱을 다시 높이지 않을 수 없었노라고 했다.

조만간 우리는 새 대통령을 뽑고 새 정부도 들어설 것이다. 새 정부가 풀어야 할 국내 및 국제적인 이슈들이 산적하다. 하나 같이 난제들이다.

우리는 대통령과 정부가 하는 일들을 감시하고 비판하고 견제해야 한다. 야당과 언론과 시민단체들의 역할이 그래서 중요하다. 그러나 감시, 비판 및 견제에도 원칙이 있어야 한다. 적어도 민주적인 절차를 통해 대통령을 뽑았으면, 그의 지혜와 식견과 리더십을 인정하고 따라 주어야 한다. 구약의 사사 시대가 그랬던 것처럼, 각자 소견에 옳은 대로 발설하고 행동하면 나라꼴이 우스워지게 될 뿐이다.

온 국민이 '하나 됨'을 이루기는 어려운 일이겠지만, 국가적인 대소사大小事에 발 빠른 움직임을 보일 수 있으려면, 국론의 분열은 없어야 한다. 대통령과 정부는 우리의 투쟁 대상이 아니다. 우리가 뽑았고 권위를 위임해 준, 그래서 인정해 주어야 할 국민의 지도자들이다.

대통령과 정부는 우선 국민의 피해의식을 치유해야 한다. 지도자들이 나라를 말아먹는 도적일 가능성이 있다는 피해의식이다. 이제까지 대다수의 정치 지도자들이 도적질을 해왔기 때문이다.

대통령과 정부는 국민의 공동체 의식을 함양하는 일에 힘써야 한다. 대통령을 지지하지 않았던 국민들의 마음도 어루만져야 한다. 대통령을 반대하는 사람들을 적폐로 몰아 국민을 파당적으로 쪼개는 일을 시도한다면 국가의 미래가 위태롭게 될 것이다.

또한 지도자의 비전은 국민과 소통되고 공유될 수 있도록 투명해야 한다. 그리고 밑바닥 정서와 괴리감이 없어야 한다.

만일 대통령이 우리 사회에 여전히 살아 있는 왕정王政시대적 정서를 이용하여 국민 위에 군림하고, 정권을 잡은 자들이 '가문의 영광'이요 한밑천 잡을 기회로 여기고, 국민과 소통이나 공감대 형성 없이 독단적인 정책결정을 강행한다면, 국민의 뿌리 깊은 불신과 울화는 치유되기 어려울 것이다.

우리 사회에 민주적 원칙이 회복되고 민주적 환경이

자리 잡는다면 얼마나 좋을까.

원칙은 지도자들이 먼저 실천해야 한다.

학교 교육
무엇이 문제인가

'학교 교육 망했다.'

인터넷을 통해 읽은 어느 한국 신문 기사의 제목이다. 행여 우리의 마음을 가볍게 해 줄 수 있는 소식은 없나 보려고 이 신문 저 신문을 뒤적였지만 달리 신나는 소식은 보이지 않았다. 아마 한국의 학부모의 입장에서는 '학교 교육 망한 것이 어제 오늘 일인가?' 하고 반응할지 모른다.

교육 현장에서 경험하는 답답함과 안타까움이 해소될 기미가 보이지 않아 이제는 거의 포기 단계가 아닐까 싶기도 하다.

교육계의 모습을 보며 올라오는 생각이 있다. 개발독재 시대에 잘못 놓여진 토대와 일그러진 교육 이념을 물려받고 오늘 우리가 고통을 당하는 것은 아닐까 하는 생각이다.

개발 독재 시대로부터 물려받은 부정적인 교육 유산을 면밀히 점검했어야 한다. 그리고 버릴 것은 버리고 고칠 것은 고쳤어야 한다.

세계정세의 흐름을 읽고 국제적인 리더십을 갖춘 인재들이 길러지도록 방향 전환을 했어야 했다. 그런데 그것을 제대로 하지 못했다는 생각이 든다.

시대의 패러다임은 지금도 빠른 속도로 변하고 있건만, 교육정책을 입안하는 사람들이나 현장 교육 담당자들이나 여전히 구시대적 발상과 접근을 버리지 못하고 있는 것 같다.

물론 교육 현장에서 적지 않은 인재들이 교육 개혁과 교육 혁신을 위해 불철주야 애쓰고 연구하고 실천하고 있기는 하다. 문제는 교육정책을 결정하고 집행하는 위치에 있는 사람들의 편향되고 왜곡된 이념적 성향이 교육 혁신에 오히려 방해가 되고 있다는 사실이다.

새 술은 새 부대에 담아야 한다고 한다. 그런데 우리에게는 아직 새 술도 마련되지 않았고, 새 부대도 준비되지 않았다는 안타까운 마음이다.

과거를 뒤돌아 볼 때, 우리가 좀 더 치밀하게 검토하고 시행했어야 했다고 아쉽게 생각되는 것이 있다. 70년대 중반 고등학교 평준화를 실시한 것과 80년대 초 대학 본고사 제도를 없앤 일이다.

물론 고교입시와 대학입시 경쟁이 지나치게 과열되고 그로 인한 사회적 비용이 감당하기 어려운 정도에 이르렀기 때문에 어쩔 수 없는 조치들이었다고 이해할 수 있다.

그 후 시대 변화의 흐름을 따라 대학 입시를 위한 다양하고 창의적인 아이디어들이 실험되었다. 최근에는 서울대학교가 마치 한국 교육 개혁의 발목을 잡는 암초인 양 거론되고, 급기야 신입생 지역 할당제를 시행할 것이라는 소식도 들려온다.

그동안 도입되고 실험된 교육 제도들과 입시 제도들은, 우리의 교육 현장이나 그리고 그것을 둘러싼 한국인의 삶의 자리에 대한 깊은 성찰이 있었던 것인지, 서구식 교육의 피상적인 단면만 수입하여 실험했던 것은 아니었는지, 의구심을 갖게 한다.

우리 사회에 엘리트 집단의 교육과 그들의 존재가 문제시될 이유는 없다. 다만 엘리트 집단으로 교육을 받는 인재들이 역사의식과 민족의식을 소유한 섬김의 지도자로 양성되는가 하는 점이 중요하다.

엘리트를 발굴하여 양성하고 나라와 민족을 섬기는 국제적 지도자로 활약하도록 교육하고 투자하는 일이야말로 그동안 우리가 그렇게 목놓아 부르짖던 '백년지대계'百年之大計의 핵심 사항일 것이다.

사리사욕만 취하고 자신의 가세家勢만 불리는데 집착한 도적들과 소인배들이 나라의 지도자 행세를 했으니, 누가 역사의식을 말하고 누가 민족의식을 키워줄 수 있었겠는가!

필자가 살았던 미국과 영국 그리고 이곳 싱가포르의 한 가지 공통점을 발견하였다.

그것은 국가의 고유 전통을 지키고, 국민의 이익을 수호하고, 국제 경쟁에서 민족의 생존을 책임질 엘리트 인재 집단의 양성에 한 치의 양보가 없다는 점이다. 국가가 앞장서서 인재를 발굴하고 양성하는 일에 적극적이다. 여기에 국민적 합의가 있다.

　교육이 한 나라의 '백년지대계'라는 말은 한국에 있을 때 수없이 들었던 말이건만, 정작 이들 나라들이 자국의 흥망성쇠를 걸고 교육에 심혈을 기울이고 있음을 본다. 그래서 한국 교육계 소식이 안타까울 뿐이다.

교회 이미지를
업그레이드 하라

교회는 뭐하는 곳이지?

지극히 당연하게 들리는 질문이면서도 실상 명쾌한 답을 얻기가 쉽지 않다. 이것은 우선 교회의 정체성을 묻는 질문이다. 교회는 본질적으로 어떤 공동체여야 하는가 하는 문제의식이 묻어난다.

이것은 이상적인 교회의 모습은 무엇인지 찾아보자는 질문이기도 하다. 또한 교회의 구성원들이나 일반 대중이 교회에 대해 갖고 있는 이미지는 어떤 것인지 묻는 것이기도 하다. 사람들이 현실 속에서 교회를 어떤 시각으로 바라보고 있는지 알아보려는 것이기도 하다.

성경에 등장하는 교회의 모습과 오늘의 현실 속에 존재하는 교회의 이미지가 일치할 수 있다면 교회의 교회다움에 하자가 없을 것이다. 하지만 그 사이에 간격이 벌어지면 교회 갱신을 말하게 된다.

교회 구성원들이 현실 교회의 모습에 불만을 품게 되면 신앙의 열정이 식고 심한 경우 교회를 등지게 된다. 일반 대중이 교회에 불편한 생각을 갖게 되면 복음 전파에 지대한 방해가 초래된다.

한국 교회의 역사는 그리 길지 않은 편이다. 한국에 기독교가 전래된 19세기 말부터 오늘에 이르기까지 한국 국민이 교회를 향하여 가지는 시각에도 변화가 있었다.

교회의 본질적 모습과 교회의 현실적 모습 사이에 보이는 거리감은 늘 있었고, 그 거리감의 넓이에 따라 교회는 찬사와 비판의 쌍곡선을 그려왔다.

교회의 긍정적 이미지도 낳다. 초창기 교회는 민족계몽에 앞장섰다. 어렵고 궁핍한 일제 시대에 민족의식을 배양해 주는 장소로 교회가 큰 역할을 감당하기도 했다.

고난의 역사 한복판에서 한민족의 무너진 가슴에 소망의 씨앗을 뿌리기도 했다. 일제와 맹렬하게 싸우는 저항세력의 역할도 톡톡히 했다.

한동안 탁월한 윤리적 삶의 실천으로 사회 정화에 선봉대 역할도 했다. 근대화 시절 서구 사회와 활발한 접촉이 이루어지는 공간이기도 했다.

민주화를 위해 싸우던 시절에는 일부 기독교인들이나마 민주화의 주체 세력으로 활약하며 교회의 자존심을 세워주었다. 사회 안에 억압과 압제를 당하던 자들이 도망하여 보호를 받을 수 있는 성역의 역할도 했다.

하지만 지난 20여 년의 세월 동안 교회는 특별히 드러날 정도의 긍정적인 이미지를 만드는데 어려움이 있었다. '교회'를 말하면 자동으로 떠오르는 고유 이미지 창출이 여의치 않았던 것 같다.

오히려 교회에 대한 부정적인 이미지는 빠른 속도로 확산되었다. 그것은 대개 교회 스스로 상처를 내고 흠집을 낸 탓이 크다.

때로는 시대 흐름에 역행하여 뭇 사람의 지탄을 받는 대상이 되기도 했다. 외부로부터 가해진 상처가 아닌,

일종의 자해행위를 한 것이다.

교회 지도자들이나 교회에 다니는 사람들의 윤리 수준이 전반적으로 지탄받을 정도가 되었다. 불상을 깨트리는 식으로 타 종교에 대하여 도발적 행동을 보여 국민의 반감을 자극하는 일도 있었다.

일부 급진적 신학자들은 기독교가 서있는 토대를 훼손하는 글을 써서 국민적 반감에 편승하는 치기를 보였다. 결과적으로 사람들이 기독교에 점차 등을 돌리게 만드는 지경에까지 이르렀다.

오늘 사람들의 눈에 비치는 교회의 모습은 어떤 것일까? 우리는 교회에 다니는 것을 자랑스럽게 선전할 수 있는가? 빠르게 변하고 있는 세상 속에서 교회는 어떤 독특한 이미지를 만들어 가고 있는가? 교회를 바라볼 때 사람들에게 어떤 이미지가 떠올라야 바람직한 일인가? 21세기에 교회는 어떤 이미지로 기억될 수 있을까? 진지하게 고민하고 속히 해답을 찾아야 할 질문들이라 생각된다.

윗물이 이렇게 더러워서야

최근 신문 보도를 접하면서 한국 사회의 정신적 황폐가 어느 정도인지 가늠해 볼 수 있었다. 혹자는 한국의 정신세계가 붕괴되었다는 말을 하기도 한다. 그러한 현실 인식을 구체적으로 뒷받침하는 물증을 접한 것 같아 씁쓸하다.

1

얼마 전 신문에 집권 여당 대표의 뇌물성 자금 수수 문제가 한동안 시끄러웠다. 검찰에 출두하느니 마느니 하는 문제로 며칠 줄다리기하는 모습이 보도되었다. 청와대가 당 대표를 보호해 주지 못하는 것에 대한 서운함도 표출되었다. 당 대표가 독실한 기독교인이라는 언급이 영 기분을 언짢게 만든다.

#2

모 대기업 회장이 대북 송금 사건과 관련한 조사를 받던 중 투신자살을 하는 일이 발생했다. 왜 투신자살을 감행했는지, 그 이유가 밝혀질 수 있는지는 알 수 없다. 투신자살을 한 것이 사실인지 여부도 불투명하다.

무엇을 덮고 무엇을 은폐하려고 했던 것일까? 떳떳하게 살아서 시시비비를 가릴 수 없었을까? 그렇게 소중하게 여겼다는 대북 사업을 계속하는 것이 천명을 따르는 것은 아니었을까? 만일 스스로 선택한 죽음이 아니었다면, 누가 무슨 이유로 그런 일을 해야 했을까?

어쨌든 그의 죽음은 우리 사회의 가슴 아픈 한 단면이 아닐 수 없다.

3

한동안 이름이 거론되지 않던 어느 정치인이 정치 자금 문제로 다시 도마에 오르고 있다. 정치 자금이 자그마치 수백억에 이른다고 한다. 그렇게 엄청난 돈이 상자에 담겨 현찰로 옮겨졌다고 한다. 그 정치인은 그것을 '배달 사고'라고 주장한다. 그러면 중간에 그 어마어마한 액수의 돈을 빼어 돌린 사기꾼이 있었다는 말이 된다. 해먹는 인간이 있고 또 그것을 중간에 사기를 치는 인간도 있다는 뜻이다. 지금 그 돈의 행방이 묘연하다고 한다.

4

국세청이 컴퓨터 시스템을 바꾸면서 업자들에게 뇌물을 받고 국세청 직원들의 해외 연수를 청탁했다고 한다. 업자들은 손해를 볼 까닭이 없다. 업자들이나 국세청 담당자들이나 '누이 좋고 매부 좋은' 거래를 했을 것이 분명하다. 그 돈은 결국 국민의 세금에서 지출된 것이다. 땀 흘려 일하는 선량한 백성들의 혈세를 등쳐먹은 것이다. 국세청 공무원도 도둑질 한 것이요, 그것을 이용해 돈벌이한 업자들도 도둑질에 공범이다.

이런 소식들을 접하면서 한 가지 공통점을 확인하게 된다. 즉 한국 사회의 윗물이 정말 더럽다는 것이다. 한때 우리는 윗물은 더러워도 아랫물이 깨끗해지면 언젠가는 전체가 좋아질 수 있다는 희망을 가졌던 적도 있다. 그러나 윗물이 더러운 상태에서 깨끗한 아랫물이 올라오기란 극도로 어렵다는 사실은 지난 우리 삶의 경험이 입증해 주었다.

엄청난 돈을 뇌물로 받고도 자신의 잘못을 인정하기는 커녕 정치 생명 지키기에 몰두하는 모습, 천문학적인 돈의 왕래를 놓고 중간에 빼돌렸느니 아니니 공박하는 꼴, 서로 작당해서 나랏돈을 도둑질하는 공무원과 업체들, 이들이 한국 사회의 미래를 어둡게 만드는 장본인들이다.

도대체 양심이고, 공인의 윤리이고, 사회 지도자들의 리더십이고, 눈을 씻고 찾아도 보이질 않는 듯하다. 이 나라의 장래에 어떤 희망을 둘 수 있겠는지 난감할 뿐이다.

지도층에 있는 사람이나 그렇지 않은 사람이나 양심이 실종된 사회로 전락하는 것은 아닌지 염려가 된다. 도둑이 더 큰소리치는 세상이니 더 말해야 무엇하랴. 기회가 주어졌을 때 도둑질을 못하면 등신 소리를 듣는 사회이니 기가 막힐 노릇이 아닐 수 없다. 어디부터 손을 대어야 할지, 헤치고 나아갈 방도가 보이지 않는다.

우리에게 시급한 것은 한국 사회의 행동 강령이다. 우리 사회가 지켜져야 할 행동강령 code of conduct 이 살아나야 한다. 사회 지도층이 먼저 솔선수범하여 최소한의 윤리적 양심과 행동 강령을 지킨다면 한국 사회는 이 정도까지 어두운 사회로 전락하지 않을 것이다.

무엇보다도 윗물이 맑아야 한다.

젊음과 늙음이 공존하는 사회

며칠 전 선교 대회 참석 차 모스크바에 한 주간 다녀왔다. 싱가포르 기온보다 엄청나게 추웠던 탓도 있었을 것이고, 여전히 뿌리 깊게 박혀 있는 체제상의 차이가 가져다준 이질감에 시달린 탓인지, 다녀온 뒤 몸살이 났다. 두 번째 방문이라 좀 더 친숙한 느낌이 들 줄 알았는데, 이전 방문 때 보다 훨씬 더 낯설고 짜증이 났다.

모스크바에 머무는 동안 전부터 알고 지냈던 고려인을 만났다. 그는 최근 러시아 동부를 다녀왔다고 했다. 그곳에서 외화벌이 하는 북한 청년들과 만나 대화를 나누었던 모양이다.

그 고려인 왈, 북한 청년들이 겉으로는 더 강성이 된 것 같습네다. 외화벌이 나온 주제에 미국과 한 판 붙어야 한다느니 하는 그따위 소리만 합네다. 그런데 술을 한 잔 걸치고 나니까 속에 있는 생각이 나옵데다. 자기 좀 모스크바로 데려가 줄 수 없겠냐고 말하데요.

빠른 속도로 개방화되고 있다는 러시아 사회도 아직은 숨이 막힐 지경인데, 북한 청년의 말을 전해 들으니 정말이지 머리가 어지러웠다.

다른 생각, 다른 관점은 전혀 용납되지 않는 사회, 내속의 생각을 깊숙이 감추어 놓아야 안심이 되는 사회, 그러나 행여 내 생각의 한 단면이 발각되는 날이면 그 순간 목숨이 날아갈지도 모르는 삭막한 사회. 그런 사회에 무슨 미래가 있겠는가?

한국에서 들려오는 소식을 보면서 우리 사회도 경직되어 가는 것 같아 우려가 된다. 소위 세대 간 구획화가 일어나는 현상이다.

한국 사회 안에 386이니 뭐니 해서 사회 구성원을 인위적으로 나누는 발상에 익숙해 있던 터이지만, 최근에는 60대 정치인은 가라는 식의 또 다른 구획화 언어를 접하면서 다소 염려가 된다.

물론 60대 정치인 전부가 다 퇴출 대상은 아닐 것이다. 아마도 5·6공화국 시절부터 지금까지 끈질기게 군림하면서 정치계에 걸림돌이 되는 구시대적 인물들에 대한 비판인 줄 안다.

그러나 우리 사회에 유통되는 언어는 그러한 친절한 부연 설명은 생략한 채 60대를 전면에 부각시키는 강성 언어로 등장한다. 언어가 유연하지 않음을 지적하는 말이다.

그것이 일부 선동적인 언론의 언어 장난일 수 있겠으나, 어쨌든 그러한 언어의 유통이 한국 사회의 경직성을 드러내 주는 것만은 분명하다.

성경은 우리 사회에 젊은이와 노인의 역할이 균형을 이루어야 한다고 말한다.

소년 다윗이 골리앗을 맞아 싸울 때, 이스라엘의 어른들은 어찌해야 좋을지 몰랐다. 결국 소년의 패기와 용기가 이스라엘 민족을 위기에서 구출했다. 이렇게 젊음의 에너지가 어른들의 지혜를 능가하는 경우가 있다.

동시에 우리는 솔로몬의 아들 르호보암 왕이 노인들의 의견을 따르지 않고 '함께 자라난 소년들'의 의견을 좇은 결과 나라가 분열되었던 뼈아픈 역사도 기억한다. 솔로몬이 왕으로 있던 때에 활동했던 노인들이라 할지라도 지혜자의 말은 들었어야 마땅했다.

르호보암은 자신의 젊은 혈기와 패기로 노인들의 지혜를 무시했고, 그것이 불행한 결과를 가져왔다. 국정을 운영함에 있어서는 노인의 지혜가 존중될 필요도 있다.

한국 사회도 젊은 에너지와 패기, 그리고 노인의 지혜가 공존하는 그런 사회가 되어야 한다.

물론 불의한 정권에 몸담고 일신의 영달과 안위만 좇아다녔던 그런 노인이라면 구태여 지혜를 논할 가치도 없을 것이다. 문제는 지혜자를 지혜자로 인정하지 못하는 우리 사회의 경직된 분위기이다.

다른 한편으로, 젊은이의 에너지가 사회 안에서 적절히 소화되지 않으면 그것이 세대 간 구획화의 구실을 제공하게 된다.

그동안 한국의 어른들은 너무 오랜 세월동안 젊은이들의 패기가 제 역할과 기능을 할 수 있는 적절한 공간을 허용하지 않았다. 그래서 젊은 세대와 기성 세대의 마찰은 자업자득自業自得이라 할 수 있다.

이제라도 한국 사회 구성원들의 에너지가 각자 제 자리를 찾을 수 있으면 좋겠다. 젊음의 패기가 사회에 활력을 불어넣고, 노인의 지혜가 적절히 균형을 잡아주는 그런 사회를 기대해 본다.

보수와 진보의 회통回通

미국에서 유학할 때 일이다.

필자가 있던 대학에 영국 옥스퍼드대 신학부 교환학
생들이 방문하여 몇 주간 머물렀던 적이 있다. 그 학생들
이 온 지 얼마 안 되어 미국 학생들 사이에 널리 회자되
었다. 그 이유는 세수할 때 항상 세면대에 물을 받고 세
수를 했기 때문이었다.

세면대에 물을 받고 세수를 한 것이 무어 그리 신기한
일인가 할 수 있다. 미국 학생들은 대개 수돗물을 틀어
놓은 상태에서 세수를 한다. 그 당시 필자도 그랬던 것

같다. 미국 학생들은 영국이 가난한 나라이기에 그 학생들이 그러는 것이라고 생각했다.

그 후 필자가 영국으로 유학을 가게 되었다. 영국에 오래 살다 보니 필자도 어느덧 저절로 세면대에 물을 받아서 세수를 하는데 익숙해졌다. 사회 전체적으로 절약하는 분위기에 영향을 받았던 것이다. 그것은 영국이 가난해서가 아니라 영국 사회의 저변에 흐르는 검약정신이 필자도 의식하지 못하는 사이에 영향을 주었던 것이다.

영국에 살면서 새롭게 발견하게 된 현상들 가운데 하나는, 사회의 저변에 과거로부터 전해 내려오는 기본 가치들이 여전히 살아 있다는 것이다. 영국 사회를 지탱하는 전통적인 가치들이 사회 구성원들의 의식에 영향을 미치고 균형 감각을 잡아주는 역할을 했다.

외형적으로는 사회 전체가 빠른 속도로 변하고 있고, 그 와중에 전통적인 가치들이 쉽게 포기될 수 있을 것 같은데, 실상은 그렇지 않았다.

사회가 복잡화 경향을 보이고 통합적인 가치가 더 이상 존재할 것 같지 않은 영국 사회 저변에는 여전히 오래된 가치들이 살아 역동적인 역할을 하고 있었다. 사회는 진보하고 시대 흐름을 따라 변하면서도 사회 기층에 존재하는 기본 가치들은 구성원들의 자발적 참여를 통해 보수되고 있었던 것이다.

보수와 진보의 공존, 이것이 필자가 경험했던 영국의 한 단면이었다.

보수와 진보에 관한 국내 신문 보도를 접하면서 한국에서 잠시 몸을 담았던 대학원 시절 어느 세미나 시간이 떠올랐다.

역사학과에는 서양사, 동양사 및 한국사 분야가 있다. 전공 별로 그룹이 형성되어 있었고, 그 그룹들 사이에는 보이지 않는 경쟁 심리가 있었다.

어느 날 한 학생이 주제 발표를 했다. 필자가 보기에는 연구도 실속 있게 잘 했고, 좋은 통찰도 적지 않았던 것 같았다. 질의응답 시간이 되었다.

발제자와 다른 그룹의 학생들은 그 발제 자체를 묵사발로 만들려는 역사적 사명을 띤 것처럼 공격을 해대기 시작했다. 발제된 주제에 대한 이해를 도모하기 위한 질의는 분명 아니었다.

발제한 내용 가운데 지엽적인 부분이라도 자기들의

입장과 다른 점이 발견되면 그것을 끈질기게 물고 늘어져 발제자를 곤혹스럽게 만드는 것이었다. 발제자가 연구하느라 들인 시간과 노력에 대한 최소한의 존경의 마음은 아예 없는 듯 싶었다.

한 치의 양보나 물러남 없이 얼굴을 붉히면서까지 저돌적으로 상대를 깔아뭉개려는 모습에 필자는 솔직히 충격을 받았다.

그 날 이후로 필자는 상대를 무너뜨리기 위한 목적의 맹랑한 토론이 한국 사회를 질식시키고 있음을 도처에서 목격할 수 있었다.

대학원 시절 경험이 메가톤급의 실망이어서 그랬는지, 그 다음에는 별로 실망도 되지 않았다. 미리 체념을 했던 탓이었을 수도 있다.

한국 사회를 바라보고 해석하는 관점은 다중적일 수 있다. 한국 사회가 나아갈 방향에 대한 식견조차도 복잡성을 띨 수 있다. 그러한 다중적이고 복잡한 입장들이 상호 견제와 비판을 통해 한국 사회 저변에 균형을 잡아주는 역할을 할 수 있어야 한다.

무엇보다도 보수하고 전수하여야 할 사회의 기본 가

치는 살려 나가야 한다. 보수가 진보를 거부하거나, 진보가 보수를 적폐로 내치려고 한다면 사회 안에 균형이 깨질 수밖에 없다. 균형이 깨지면 사회 구성원들이 신음하게 된다.

그래서 요즘에는 보수와 진보가 서로에 대하여 귀를 기울이는 그런 회통回通의 모습을 볼 수 있으면 좋겠다는 마음이 절실해진다.

공동체성 회복과
전략적 사고

얼마 전 이곳 싱가포르에서 가까운 섬인 바탐 Batam 에 잠시 다녀왔다. 이 섬은 인도네시아에 속해 있다. 이 섬은 그 옆의 빈탄 Bintan 이라는 섬과 함께 한국에도 꽤나 잘 알려져 있다고 한다. 한국의 신혼부부들과 일반 여행자들이 즐겨 찾는 곳이라고 한다. 우리가 탔던 배에도 예외 없이 한국인 여행객 일행이 십여 명 타고 있었다.

이번에 함께 갔던 일행 가운데 대사관에 근무하는 집사님이 계셨다.

그 분의 말인즉, "교수님, 이 섬이 사실 관광지로 별

볼일 없잖아요. 그런데 우리 한국 사람들이 상당수 이곳을 방문해서 엄청 돈을 뿌리고 갑니다. 가끔 한심하다는 생각이 듭니다."

사실 바탐이나 빈탄이나 볼거리는 별로 없다. 우리나라 제주도와 비교해서 수준이 더 나은 것도 아니다. 아마 적도의 이국적인 분위기가 다른 점이라면 다른 점일 것이다.

이곳 현지인들은 한국의 제주도가 환상적인 섬이요 관광지로는 초일류라고 서슴없이 말한다. 그렇게 멋지고 이국적이기도 한 우리의 제주 섬 대신에 이렇게 멀리까지 와서 펑펑 돈을 쓰고 가는 우리네 모습을 보면 왠지 마음이 씁쓸해지기도 한다.

물론 지난 5천 년 동안 반도에 갇혀 살던 민족이 이제 처음으로 외국 바람을 쐴 수 있는 여유가 생겼다는 사실이 감사한 일이기도 하다. 5천년 묵은 스트레스를 풀 수 있는 기회라고 여유 있게 생각해 줄 수도 있다.

그러나 시기가 시기인 만큼, 매월 만 명에 가까운 여행객이 한국에서 밀려오는 모습을 보면서 우리 민족의 공동체 의식과 전략적 사고의 부재를 생각하게 된다.

작금의 국제 흐름은 자국의 이익을 중심으로 치열한 경쟁을 벌이고 있다.

흔히 21세기의 가장 의미심장한 흐름으로 세계화 globalization를 말한다. 이제는 국가 간 벽을 허물고 사해동포 차원에서 모든 민족이 한마당에서 만날 수 있고 또 만나야 한다고 말한다.

그래서 경제도 개방하고, 문화도 개방하고, 교육도 개방하고, 자본시장도 개방한다. 그것이 시대의 조류요 대세라고 생각한다. 그래서 세계화는 개방과 동의어로 이해되고 있기도 한다. 그런데 문제는 정작 세계화는 우리가 이해하고 기대하는 것처럼 낭만적이지 않다는 사실이다.

각 나라마다 개방을 하고 세계화의 흐름을 예의 주시하는 이면에는 사실 자국의 주체성을 지키고 자국의 경제적 이익을 극대화시키기 위한 극도로 치밀한 생존 전략이 작동하고 있기 때문이다. 전략적이지 않은 개방, 전략적이지 않은 세계화는 우리 민족의 장래에 아무런 득이 되지 않는다.

외국에 살면서 한국 사회에서 일어나는 변화들을 접

하면 왠지 개인적 삶과 국가적 삶 사이에 괴리감이 더 커져 간다는 느낌을 받는다. 사회는 파편화되고, 한국인으로 살아가는 것에 대한 자부심과 주체성이 무너진다고 아우성이다.

오래전 암송했던 국민교육헌장 가운데 '나라의 발전이 나의 발전의 근본임을 깨달아'라는 내용이 있었다. 전체주의적 통제를 합리화시키는 국가 이념을 주입시키려는 것 아닌가 하는 반감도 없지 않았다.

그러나 21세기 변화된 시대에 살면서, 사실 나라의 발전이 나의 발전의 근본이요, 민족의 생존이 나의 생존의 근거라는 공동체 의식을 회복하는 일이 가장 급박하고 절실한 일이 되었다.

우리들끼리 서로 치고 끌어내리고 적폐몰이를 하는 사이, 외국은 '나라의 발전이 나의 발전의 근본'이라는 사실을 영악스럽게 터득해 갔던 것이다. 국가의 신용도가 떨어지면 외국인 투자가 줄어들고, 그렇게 되면 국가도 기업도 모두 어렵게 되고, 결국은 개인과 가정의 삶에도 직접적인 충격을 받는다는 사실을 터득했다.

세상의 분위기가 그렇다고 한다면, 우리도 국가 공동

체 의식을 회복하지 않고서는, 세계화의 흐름에서 살아남기 쉽지 않을 것 같다.

우리 민족의 순진하고 허례허식에 근접한 낭만적인 기질은 잘 변하지 않는 것 같다. 국가 공동체를 언급하는 것이 오히려 지역 공동체 이익에 배치되는 것으로 여기는 집단이기적 발상도 여전히 작동하고 있다.

최근에 이르러 개인–가정–단체–국가의 연대가 더욱 파당적이요 적대적으로 갈라진 듯 보인다. 개인과 국가의 연대가 무너진 사회는 건강한 사회가 되기 힘들다.

'민족의 생존이 나의 생존의 근거'임을 깨닫는 것이 지금 우리 민족에게 가장 필요한 전략적 사고임을 거부감 없이 강조할 방법은 없을까?

2부

보스턴에서

(2006–2010)

시간의 흐름과
어울려 살기

요즘 들어 부쩍 시간의 흐름이 속도감을 더해 간다는 느낌이 든다. 한 해가 시작된 것이 조금 전이었던 것 같은데, 훌쩍 한 달여 시간이 흘렀다. 누군가 이제 열 한 달밖에 남지 않았다는 말을 농담처럼 건넸는데, 그 말이 진지한 말로 묵직하게 들려왔다.

시간의 흐름을 의식하지 못하고 뭔가에 몰입해 살다 보면 시간이 홀로 저만치 흘러가 있음을 언뜻 깨닫게 되는 경우가 종종 있다.

문득 시간時間이란 실체가 참으로 기이하고 신비하다

는 생각이 들었다. 아무리 생각을 해 보아도 시간이 흘러 간다는 사실은 기이하기 그지없다.

시간이 흐른다는 것은 모든 것이 움직이고 변變한다는 의미이다. 이 땅에 존재하는 일체 삼라만상이 계속 달라지고 있다. 의식하지 못하는 사이에 우리의 모습도 조금씩 달라지고 있다.

달라지고 있음이 사실인데 우리 스스로조차 그 과정을 의식하지 못한 채 지나간다는 것 자체도 또한 기이하고 신비한 현상이 아닐 수 없다. 시간이 흐르는 것은 하나님께서 정해 놓으신 일이라 우리가 어찌해 볼 도리는 없다. 시간을 멈추게 하거나 거꾸로 가게 할 방도는 없다. 시간의 흐름과 어우러져 우리도 자연스럽게 흘러가는 것이 하나님의 리듬을 따라 사는 길이다.

성경에 '시간'은 두 가지로 표현된다. 하나는 자연의 시간을 말하는 '크로노스' chronos 이고, 다른 하나는 하나님의 시간을 말하는 '카이로스' kairos 이다.

우리는 '카이로스'의 때를 따라 사는 법을 알아야 한다. '카이로스'를 잘 살피고 분별해서 하나님의 시간대와 시차가 없는 삶을 살아야 한다.

'크로노스'를 따라 사는 것은 범인凡人도 할 수 있는 쉬운 일이란 생각이 은연중 퍼져 있는 것 같다. 하지만 '크로노스'의 흐름을 따라 사는 것도 결코 쉬운 일은 아니다. '크로노스'를 따라 사는 것을 쉽고 평범한 일로 생각하는 것은 큰 착각이다.

하나님이 정해 놓으신 흐름의 속도를 따라 자연스럽게 흐를 수 있다면 그것이 바로 역사歷史를 만든다. '크로노스'의 흐름을 의식할 수 있다면 우리에게 역사의식도 생길 수 있다.

우리는 간혹 시간이 빨리 지나갔으면 좋겠다고 생각할 때가 있다. 하나님이 정하신 시간의 흐름이 더 빨라지기를 고대하는 것은 우리의 삶에 자연스러움이 상실되었다는 반증이다.

힘들고 어려울 때 그렇다. 입시를 앞둔 수험생들이나 그들의 뒷바라지에 삶이 삶이 아니게 살아야 하는 학부모들의 심정이 그럴지 모른다. 고난의 시기는 속히 지나가기를 기원한다. '이 또한 지나가리라'는 생각으로 인내를 한다.

개인적인 차원을 넘어 사회가 순리를 따라 흘러가지

못하고 오히려 역류逆流가 일어나고 역사逆史를 만들어 내는 때 그렇다.

'크로노스'의 흐름에 시대의 하중이 무겁게 실려 고난과 역경, 궁핍한 시대가 도래하면 세상의 순리가 회복되기를 애타게 갈망하게 된다. 일제 치하에서 광복의 '카이로스'를 고대하고, 6.25 동족상잔의 비참한 현실이 종식되는 '카이로스'를 그리워하는 국민적 염원이 올라오게 된다.

'카이로스'를 학수고대하는 시대는 '크로노스'의 흐름이 피곤한 시대이다.

'시간이 여기서 그대로 멈추어 섰으면 좋겠다'거나 혹은 '시간이 천천히 갔으면 좋겠다'는 말을 하며 살 정도로 행복을 느끼게 되기를 바라지는 않더라도, 적어도 '시간이 빨리 갔으면 좋겠다'는 생각은 하지 않고 사는 그런 세상이면 좋겠다.

당분간은 시간의 흐름과 더불어 사는 것을 불편하게 느끼지 않는 시절이 찾아올 수 있기를 기대해 본다.

꿈의 공간을 찾아서

1970년대 쯤엔가 널리 불렸던 대중가요 가사의 한 토막이다.

아름답던 시절은 꽃잎처럼 흩어져
다시 올 수 없지만 잊을 수는 없어라
(중략)
진달래 먹고 물장구 치고
다람쥐 쫓던 어린 시절에
눈사람처럼 커지고 싶던 그 마음 내 마음

어린 시절을 아름답던 시절로 회상하고, 아름다움의 내용이 진달래 먹고 물장구 치고 다람쥐 쫓던 일로 언급되고 있다. 지극히 목가적이고 한가로운 시골의 정경을 절로 떠오르게 만든다.

이런 아름답던 어린 시절에 대한 회상과 추억과 노래가 요즘 아이들의 어린 시절에도 해당되는 것일까 하는 생각을 새삼 해 보게 된다.

요즘은 산과 들을 배회하며 진달래 먹고 물장구를 치면서 어린 시절을 보낼 만큼 세상이 한가롭지 않은 것 같다.

아이들을 방목放牧하던 시대는 이미 지나갔다고 본다. 이미 우리 현실은 무한 경쟁의 시대로 돌입해 있기 때문에 치밀한 기획을 바탕으로 선행先行, 즉 남들보다 한 발짝이라도 앞서 움직이려고 몸부림치며 사는 것이야말로 시대정신에 충실한 삶으로 믿고 있다.

이 땅에 태어나는 순간부터 행복한 인생, 좋은 직장 그리고 밝은 미래를 위한 프로그램이 작동되는 것이다. 아이들을 풀어 놓는 것은 부모의 무책임이요 직무유기이며 동시에 현 사회의 에토스 ethos 에 대한 도발처럼 여

겨지기도 한다.

우리 사회는 아이들이 너무 일찍 현실에 길들여지는 것 같다는 생각도 든다. 물장구 치고 다람쥐 쫓는 식의 어린 시절은 아닐지라도 어린 시절을 아름답던 시절로 회상할 수 있는 권리는 빼앗지 말아야 하는 것 아닌가 싶다.

중국 고전에서 읽은 내용이다.

어느 농부가 밭에 씨를 뿌렸다. 몇 날이 지나자 싹이 나오기 시작했다. 어느 날 그 농부가 밭에서 의기양양한 표정으로 돌아왔다.

그 이유를 물으니 '내가 오늘 밭에 가서 올라오는 싹을 더 크게 만들고 왔다'고 했다. 싹이 저절로 자라기를 기다릴 수 없어 손으로 조금씩 위로 잡아 당겨 주었다는 것이다. 결국 그 싹들은 모두 죽었다.

선행농법先行農法의 실패라고 할 수 있지 않을까 싶다.

작고하신 소설가 박경리 선생의 인터뷰 기사를 읽은 적이 있다. 언젠가 사과나무를 심었는데 병충으로 한 두 해 나무 꼴이 형편없었다고 했다. 그래도 농약을 뿌리지 않고 기다리기로 했다는 것이다. 사과나무가 자생력을 키운 4-5년 뒤부터 건강한 사과가 주렁주렁 열리는 기쁨이 있었다고 말하면서, 기다림과 친환경적 접근의 중요함을 강조했었다.

아이들 농사도 그래야 하지 않을까. 우리의 현실은 아이들의 마음이 저절로 혹은 제멋대로 움직이는 것을 기다려 줄 낭만을 잃어가고 있다.

아이들을 가만 내버려 두질 못한다. 눈사람처럼 커지고 싶다는 한가한 생각이나 하면서 시간을 낭비할 여유가 없기 때문이다. 각종 학원엘 다녀야 하고, 영어도 배워야 하고, 악기도 익혀야 할 것이고, 다른 잡기도 한두 가지는 구비해야 하기 때문이다.

소위 꿈과 현실 사이에서 방황하는 기간을 거쳐 현실 삶에 서서히 적응할 시간적 여유가 주어지지 않는다. 인생을 사는 과정에서 실수도 하고 실패도 할 수 있는 삶의 여유 공간이 허용되지 않는 것이다. 이제는 꿈의 공간은 거의 사치에 해당하는 것으로 되어 버렸다.

우리는 현실에 발을 딛고 산다. 꿈의 공간이 움츠러든 삶은 그만큼 황량하게 될 것이다. 꿈의 공간에 너무 오래

머물게 되면 현실 도피의 위험이 있기는 하다. 하지만 지나치게 일찍부터 현실 삶으로 몰리게 되면 경쟁을 현명한 삶의 방식이라고 착각하며 살게 될 위험이 있다.

실용(현실)도 요긴하지만 무용(꿈)도 요긴하다.

실용과 무용이 적절히 공존하는 사회, 그런 사회를 다시 경험해 볼 수 있을까.

무엇이 화두話頭인가

올림픽 열기가 한창이다.

연일 메달 소식이 국민들의 마음을 즐겁게 해 주고 있다. 초반에 메달이 대거 수확된 것에 한층 고무도 되고, 새로운 메달 획득 기록을 세울 수 있겠다는 유쾌한 전망도 해 본다.

한국에서 멀리 떨어진 미국 동부 보스턴 지역에 거주하면서도 대한민국 선수들의 선전善戰에 온통 관심이 기울여지는 것은 어쩔 수 없는 한민족의 핏줄임을 확인하게 해준다.

이처럼 우리 삶에는 전 국민적 관심과 에너지를 집중하게 만드는 일이 종종 있다. 올림픽이 그렇고, 경제 성장 문제가 그렇고 교육 문제가 그렇다.

올림픽 열기에 동참하면서도 한 가지 생각이 올라온다. 전 국민의 관심을 기울이도록 만드는 일이 생기는 것은 어떤 측면에서는 전 국민의 일상생활이 흐트러짐을 의미하는 것이 아닐까 하는 생각이다. 일상에 기울여야 할 집중도가 현저히 떨어지는 경험을 하기 때문이다.

일상으로 돌아가 각자의 삶의 영역에서 주어진 일에 집중하는 것은 안정된 사회의 평상시 모습이다.

예수님이 사셨던 시대는 비상시국이었다.

온 국민의 관심이 어느 한 의제에 매달릴 수밖에 없었다. 그것은 로마 제국의 압제로부터 민족의 독립을 쟁취하는 일이었다. 유대인들은 민족 독립을 가슴에 품고 살았다.

이것을 시대의 화두라 부른다.

예수님이 부활하신 후 승천하시기 직전에 제자들이 한자리에 모여 예수님께 질문을 드렸다. '이제는 이스라엘의 독립을 이루어 주실 것인가' 물었다. 로마의 압제 아래에서 신음하던, 그야말로 궁핍하고 척박한 시대를 살고 있던 유대 청년이라면 누구라도 그 질문을 던지지 않을 수 없었을 것이다. 그것은 그렇게 절박한 질문이었다.

예수님의 답변은 제자들과 그를 따르던 모든 사람을 실망시키기에 충분했다.

"때와 기한은 아버지께서 자기의 권한에 두셨으니 너희의 알 바 아니다"

이스라엘 민족의 삶에 샬롬 shalom 이 실종되고, 불의와 폭력이 난무하는 시대 상황에서 역사의식이 실종된 발언이 아닌가 하는 의구심을 갖게 만드는 답변이다. 하지만 예수님은 이스라엘 나라 회복이 아닌, 하나님 나라 회복을 염두에 두시고 답변하셨다.

"성령이 너희에게 임하시면… 땅 끝까지 이르러 내 증인이 되리라"

이스라엘 나라 회복보다는 하나님 나라 회복이 더 시급한 시대적 화두가 되어야 함을 확인해 주신 것이다. 결국 예수님의 답변은 시대의 화두를 바꾸신 것이다.

온 국민의 관심을 집중하게 만드는 현안 의제라 할지라도, 예수님을 따르는 무리는 그러한 의제로부터 한 발 비켜나 있는 것이 필요한 때도 있다. 그래야 하나님 나라를 향한 일상의 관심을 흐트러트리지 않을 수 있기 때문이다.

우리는 하나님 나라에 늘 관심을 기울이며 살아야 하는 하늘에 속한 사람들이기 때문이다.

다사다낙 多事多樂

한 해가 저물고 있다.

연말이면 상투적으로 듣게 되는 표현이 '다사다난' 多事多難이다. 사건사고도 많았고, 더불어 어려움도 많았음을 회고해 보는 것이다.

올해도 예외는 아닌듯싶다. 역시 '다사다난' 했던 한 해였다는 말에 모든 사람이 쉽게 동감하게 된다.

'다사다난'이란 말은 우리가 지내 온 지난 한 해 삶의 내용물에 대한 우리의 관점 혹은 해석이다. 하지만 필자는 개인적으로 한 해의 삶을 이렇게 싸잡아 종결짓는 것에 흔쾌히 동의하고 싶지는 않다. 더욱 마음에 들지 않는 것은 대부분의 사람들이 아무런 이의를 달지 않고 그런 표현에 쉽게 동조해 버린다는 사실이다.

사람은 생각하는 동물이다. 그런데 사람의 생각은 처해 있는 상황을 벗어나기가 쉽지 않다. 상황과 접촉하면서 우리 안에서 생각이 촉발되기 때문이다.

상황을 벗어난 영역 혹은 초월한 영역에서 이루어지는 '생각하기'는 공상空想이 될 가능성이 크다. 어쨌든 사람의 실존 자체가 상황을 벗어나 있을 수 없는 노릇이라, 우리의 생각도 상황의 영향을 받지 않을 수 없다.

현실 삶이 생각을 일으키고, 우리는 그렇게 촉발된 생각을 준거 reference 로 삼고 현실의 성격을 나름대로 규정해 버린다. 그런데 우리가 미처 깨닫지 못하는 사실이 있다.

그것은 우리가 현실을 향해 가지게 되는 생각과 실제 우리의 현실 삶 사이에 오차가 있을 수 있다는 점이다. 다사多事가 맞기는 한데, 그것이 다난多難의 현실인지는 검토해 보아야 한다는 말이다.

우리는 주어진 상황 안에서 올라오는, 서로 상충하고

서로 격렬하게 대결하는 생각들 사이를 배회한다. 혹자
는 그 가운데 가장 적절하다고 판단되는 것을 선택해 내
생각으로 삼기도 한다. 하지만 주어진 상황을 벗어나 생
각할 수 있는 가능성은 별로 고려하지 않고 사는 듯하다.
이러한 생각 습성은 그리 바람직하지 않다. 기독교인의
경우는 더욱 그러하다. 신앙의 세계는 자유를 배우고 체
험하기 때문이다.

"진리를 알지니 진리가 너희를 자유케 하리라"

우리는 생각의 세계에서 자유를 체험할 수 있다. 자유
는 진리를 아는 것으로부터 온다. 진리란 '참 길' 혹은 '참
이치'를 말한다. 변화무쌍한 현실 너머에 존재하는 영원
한 원리요 이치요 뜻이다.

생각의 자유를 키우는 것이야말로 기독교 신앙세계의
핵심이다. 적어도 기독교의 본질을 깨달은 사람들에게
는 그렇다.

진리의 세계를 배우고 예수님을 배우는 사람은 주어
진 상황, 일상의 현실에 깊숙이 개입하여 살고 있으면서

도 형편과 처지를 초월한 생각을 키운다. 그래서 기어코 도달해야 할 경지가 '항상恒常 기뻐하는 것'이요 '범사凡事에 감사하는 것'이다.

이것은 상황의 한계를 벗어난 생각을 키우는 일이다. 현실을 초월하여, 혹은 현실의 배후에서 역사하시는 하나님의 행하심을 감지하는 능력을 키우는 것이다.

올 한 해도 다사多事로운 한 해였음을 부인할 수 없다. 동시에 다사多事를 다낙多樂의 자료로 볼 수 있는 눈이 열리면 좋겠다는 생각도 해 본다.

아마도 그것은 범사에 하나님의 행하심이 보여야 가능하지 않을까?

올해도 다사多事인 것을 보니 하나님께서 우리의 삶의 현장에서 많은 일을 하신 것이 분명하다는 생각을 챙겨 두는 것은 어떨까 싶다.

그러하기에 다사가 다낙이라!

말씀으로 떡을

새로운 한 해가 밝았다.

올해는 새해를 맞는 마음이 예전과 같지 못한 것 같다. 전 세계가 함께 우울하고 불확실한 새해를 시작한다.

개인의 차원에서 새해 결의를 다지고 희망찬 비전을 키워 볼 요량도 없지는 않지만 세계 및 국내 경제에 대한 연이은 불길한 소식들이 우리의 삶을 무겁게 만들고 있다.

지난 겨울은 더 혹독하게 추워 그런지 이래저래 사람들의 마음을 궁핍하게 만드는 듯하다.

작금에 발생한 세계 경제의 위기 상황은 자본주의의 한계를 보여준다. 인간의 욕심과 욕망을 토대로 한 경제 체제가 건실할 수 없다고 진단한다.

그와 더불어 인간의 삶이 경제적 여건의 변동에 따라 얼마나 충격을 받게 되는지 다시 한 번 실감하는 계기도 되었다.

무엇을 먹을까, 무엇을 마실까, 무엇을 입을까 하는 문제가 새삼스럽게 세계적 첨단 이슈로 대두되고 있음을 본다.

필자가 재직하고 있는 신학교도 경제적 한파의 영향을 직격탄으로 받고 있다. 얼마 전 성탄절이 다가오는 시점에서 일부 교직원들이 해고되는 아픔이 있었다. 성탄의 기쁨을 산산조각 나게 만드는 그런 고약한 소식이 아닐 수 없었다. 다른 신학교들과 비교해 우리는 다소 양호한 편이라고 했지만, 그런 말은 그야말로 의미 없는 비교에 지나지 않았다.

교직원 정리 해고 소식이 있기 두어 주 전에 한 직원이 필자의 연구실을 찾아와 기도를 부탁했다. 얼굴에 근심과 걱정이 가득했다.

'나는 이 교수님과 같은 시기에 이 학교에 취직했고 내가 하는 일이 중요한 일이라서 해고되지는 않겠지만, 그래도 기도해 주시면 감사하겠다.'

행여 해고 대상이 되지 않을까 하는 가상의 염려에 몸과 마음을 떠는 모습을 보고 착잡한 마음이 들었다. 먹고 사는 문제가 정신세계의 하부 구조를 이룬다는 말이 새삼스럽게 떠올랐다.

경제문제가 삶의 질과 방향을 결정짓는 핵심 변수로 등극한 세태에 기독교인으로 산다는 것이 무엇을 의미할까 생각해 보게 된다.

하나님과 맘몬(돈)을 병행하여 섬기는 것이 불능임을, 그래서 하나님 신앙과 경제 문제에 삶이 종속되는 것을 상극으로 생각하는 기독교인들은 이런 시대를 어떻게 헤쳐 나갈 수 있을까?

당장 정리해고 대상이 된다면 아찔한 일이 아닐 수 없고, 하나님 신앙의 뿌리조차 휘청거릴 수밖에 없는 것이 많은 기독교인의 현실이기 때문이다.

우리 시대가 더욱 난감한 것은 세계화 현상에 기인

한다. '이제는 미국이 쇠퇴하고 제3세계 국가들이 주도하는 시대가 도래하겠는가?' 하는 질문을 놓고 교수들 간에 대화를 나눈 적이 있다.

과거 세계사의 흐름에서 한 제국의 몰락은 다른 제국의 발흥으로 대체되어 역사는 흘러갔다. 하지만 지금은 다르다고 생각된다.

세계화로 모든 나라들이 연결되어 있으니, 함께 살거나 함께 망하는 것이다. 미국 경제의 거품 붕괴가 아시아 경제의 위기로 전환되고, 각 가정의 경제까지 몸살을 앓게 만든다.

우리의 일상 삶이 세계 경제의 복잡 구조에 종속되는 강도가 더 견고하게 진행되고 있다. 이런 현상은 여지없이 이스라엘 백성이 살았던 광야 상황을 연상시킨다. 그것은 위기 상황이었고, 먹고 사는 일차원적인 문제로부터 단 하루도 벗어날 수 없는 구제 불능의 한계상황이었다.

이스라엘 민족은 광야에서 만나를 체험했다. 하나님 체험이었다. 하나님을 의지하는 체험이었다. 떡이 아닌, 떡을 주시는 하나님을 양식으로 삼는 체험이었다.

예수님의 삶이 모범을 보여준다. 광야에서 사십 주야를 굶주리신 극한 상황에서도 '사람이 떡으로만 사는 것이 아님'을 실천해 보이셨다. 그래서 떡 문제를 해결하셨다. 새해에는 말씀으로 떡 문제가 해결되는, 하늘에서 떡이 내리는, 그런 기이한 한 해가 되기를 기대해 본다.

지상의 척도 – 무엇이 옳은가

아내와 함께 잠시 한국을 다녀올 기회가 있었다.

한국 나들이는 고향 하늘을 체감할 수 있어 늘 기분이 좋다. 빠른 속도로 분주하게 움직이는 사람들 틈에 끼어 예전에 익숙했던 삶의 리듬과 에너지를 느껴보는 것이 참 좋다. 더군다나 원조 한국의 맛을 접할 수 있는 것은 그저 감사한 일이 아닐 수 없다.

이번에는 싱가포르에서 온 집사님 가족과 서울 근교의 시골 마을에서 한적한 시간을 보낼 수 있는 여유도 있어서 참 좋은 여정이 되었다. 하지만 이번 방문 기간 내

내 필자의 마음을 무겁게 누르는 것이 있었다. 그것은 한국 사회가 이분법적으로 갈라져 서로 다른 입장들이 맹렬하게 충돌하는 모습이었다.

국내에 머무는 동안 뉴스를 들으면서 여당과 야당의 입장이 사사건건 예외 없이 늘 첨예하게 대치하는 모습을 보았다. 부분적으로 옳은 것에 대한 상대편의 인정도 없었고, 부분적으로 잘못된 것에 대한 자체 반성도 없었다.

내 편의 입장과 네 편의 입장만 첨예하게 대립하는 것이고, 국민들은 그 두 입장 가운데 하나를 선택하도록 억지 강요를 받았다. 보이지 않는 정신적 억압이 내게는 몹시 힘들게 느껴졌다.

어느 입장과 해석이 더 타당한 것인지 따져 보자는 것이 아니다. 단지 한국 사회가 고질적인 분열 증세를 앓고 있는 듯해서 속이 많이 상했음을 토로하는 것이다.

두 가지 극명하게 상충하는 입장이 서로 다가섬이 없이 끝까지 고집을 부리는 형세는 차라리 정신분열 schizophrenia 증세에 가깝다.

이렇게 서로 자기의 입장만이 옳다고 막무가내로 고

집하는 사회는 기준이 무너진 사회이다. 상생을 위한 몸부림이나 공통의 목표를 위한 타협과 대화는 이미 실종된 사회이다.

이런 정신적 토대 위에서 국민통합을 이루어내는 일이 쉽지 않겠다는 다소 자조적인 생각도 들었다.

한국 사회를 지탱하는 기준은 있는 것인지?

각자의 입장을 위치 조정하도록 만들 수 있는 그런 국민 통합적 기준을 세울 수 있을 것인지?

어느 목회자의 말처럼, 한국 사회가 '마피아 멘탈리티' mafia mentality 에 물들어 내 편이 아니면 적폐로 몰아 박멸의 대상으로 간주하는 정글의 법칙이 난무하는 것 같아 생각이 복잡해졌다.

예수님 당시 정치 지도자가 잘못을 범했다.

그에 대해 세례 요한이 준엄한 책망을 던졌다. 동생의 아내를 취한 헤롯 왕을 향해 '옳지 않다'고 했다. 이러한 세례 요한의 지적에는 좌나 우나 할 것 없이 모두가 속이 시원함을 느꼈을 것이다. 세례 요한은 어느 한 편의 입장을 옹호하는 발언이 아니라 하나님의 절대 기준에 비추어 옳고 그름을 판가름하였을 뿐이다.

우리 사회에도 모두가 속 시원함을 느낄 수 있는 그런 기준이 세워지면 좋겠다. 각자 제 나름의 입장을 견지하면서도, 동시에 모두가 함께 공유할 수 있는 '척도'가 재건될 수 있다면 우리 사회도 한결 더 시원한 사회가 되지 않을까.

그것이 아직 희망사항 정도에 지나지 않는다면, 적어도 국가의 이익이 걸린 중대 사안에 대하여는 얄미울 정도로 초당적인 대처를 잘하는 외국의 모습을 흉내라도 내 볼 수는 없을까?

영화 속 현실 보기

〈발키리〉Valkyrie라는 영화를 보았다.

나치 독일이 유럽 점령을 확대해 가는 시점에 대량 학살에 문제의식을 가진 독일인들이 히틀러를 암살하려는 음모를 꾸몄던 이야기이다. 실화實話를 바탕으로 했다는 자막이 현장감을 높여 주었다.

영화를 보던 중에 어느 한 장면에 이르러 시선이 멈추어 섰다. 그 장면은 독일 군인들이 연인들과 어울리며 웃고 떠드는 짧은 순간이었다.

물론 그 장면은 영화의 흐름상 중요한 역할을 하는 그

런 장면은 아니었지만, 나의 시선은 그 장면에 등장한 사람들의 얼굴 표정을 뚫어지게 바라보고 있었다. '당시 실제 상황에서 그곳에 있던 사람들은 무슨 생각을 하고 있었을까?' 하는 생각이 올라왔다.

과거는 흘러갔고 역사를 거슬러 방문해 볼 수도 없기에 억지 상상을 해보는 도리밖에 없겠지만, 그 시간과 그 공간에 살아야 했던 사람들에 대해 측은하고 안쓰러운 마음이 올라왔다.

그 시대를 살아야 했던 사람들의 고통, 슬픔과 고난이 마치 가상현실인 양 감상하는 관객의 입장에서 그저 내가 그 시대 그 역사의 현장에 살고 있지 않다는 사실에 괜히 안도감을 느끼고 감사한 마음조차 들기도 했다.

사실 되돌아가서 동참해 보고 싶지 않은 상황은 이 땅, 우리의 삶의 시공간에도 있다. 옛날 신분 차별이 엄격했던 전통 사회가 그렇고, 일제 시절이 그렇고, 한국동란의 참화를 겪어야 했던 시절이 그렇다.

물론 그때 그 현장에서도 사랑이 있고 기쁨이 있고 희망을 주고 받던 마음들이 있었을 것은 분명하다.

우리가 싸잡아 몹쓸 세상이었다고 매도하기 곤란한

것은 그 시절을 살았던 사람들에게 소중했을 삶의 이야
기들이 널려 있을 것이기 때문이다.

그 때 그 시절의 에피소드를 발굴하여 영화나 드라마
로 재현한 것을 보면 우리의 마음이 잠시 출렁이게 된다.
눈물도 흘리고 가슴 저리는 경험도 한다. 하지만 즉시 내
가 살고 있는 현실로 돌아와 안도감을 회복하고 가슴을
쓸어내린다. 서서히 과거의 불행했고 슬펐던 이야기는
내 기억에서 멀어지게 된다.

결국 그것은 내게는 가상현실에 지나지 않는 것이고
내 삶의 경험이 아니기 때문이다.

우리가 다른 사람의 고통스런 삶에 대해 지속적인 관
심을 기울이는 것은 쉽지 않다. 내 자신의 삶이 바쁘고
경황이 없기 때문이기도 하고, 내 앞에 놓인 일들을 해결
하기에 급급한 연유이기도 하다.

우리가 살고 있는 동시대에도 가슴 아픈 이야기들이
TV를 통해 전해진다. 다른 사람의 삶의 시공간에서 일
어나는 험악한 일들이 영상으로 전달되어 온다.

그것을 보는 대부분의 반응은 내가 〈발키리〉 영화의
한 장면에 대해 보였던 반응과 별반 다를 것이 없을 것

같아 보인다.

안쓰럽게 느끼는 것과 기억의 저편으로 밀어내는 일이 거의 동시적으로 일어난다. 우리 주변에 살고 있는 사람들의 고통과 슬픔과 아픔과 고난을 가상현실로 처리해 버리는 데 익숙해져 가고 있음을 본다.

요즈음은 북한에 대한 소식을 영상으로 접하는 기회가 많다. 북한에 관한 소식들은 밝고 명랑한 것이 거의 없어 보인다. 북한 주민의 우울한 이야기, 일부 탈북자들이 겪었던 상상을 초월하는 비인간적 고난과 역경 등에 관한 이야기를 종종 접하게 된다. 하지만 어느새 그런 이야기들이 우리에게 영화의 한 장면처럼 처리되고 있지는 않는지 염려가 된다.

TV를 통해 접하는 북한의 미사일 발사나 핵실험 위협 등의 소식들도 마치 가상현실에 속한 이야기로 처리되는 것은 아닐까 하는 생각도 든다.

그것이 기우이기를 바라지만.

질서는 아름답다

어느새 한 해의 끝자락에 와있다.

올해도 시간은 참 빠르게 지났다는 느낌이다. 왠지 아쉬움만 또 쌓아두고 지나갈 수밖에 없는 그런 한 해 살이가 아니었나 싶다.

아쉬움을 달래는 방법은 있다. 성도들의 삶의 질은 '크로노스' chronos 의 시간과 함께 그 속에 임하는 '카이로스' kairos 의 시간을 함께 살기 때문이다.

'카이로스'의 시간은 인간사에서 소위 결정적인 순간을 말한다. 축구경기에서 드물게 찾아오는 득점 찬스와 같다. 그런 찬스는 놓치지 않고 잘 살려야 마땅하다.

카이로스를 따라 사는 것은 내 자신과 세상을 향하신 하나님의 계획에 참여하여 게으름 피우지 않고 제 역할을 하는 것이다.

마치 줄넘기를 할 때 정확한 시점에 점프를 해주어야 지속할 수 있는 것처럼, 하나님의 카이로스에 맞추어 제 역할을 해주어야 삶의 모든 흐름이 아름다울 수 있게 된다. 그래서 우리는 달력상으로 흘러가는 크로노스 시간의 흐름과 더불어 카이로스의 시간을 주목하여 보아야 한다.

한국 사회의 카이로스 시간은 어디쯤 와 있을까?

이 시점에서 우리에게 무엇이 결정적인 찬스이고, 어떻게 하는 것이 하나님의 계획이 실현될 가능성을 높이는 일인가?

준비가 되어있지 않아서 하나님의 카이로스에서 배제되는 어리석고 한심한 상황을 맞이하지 않으려면 어떻게 해야 하는 것일까?

우리에게 주어질 결정적인 찬스를 놓치지 않으려면 어떻게 준비해야 하나?

우리가 기대하는 카이로스 시점은 경제문제가 풀리고, 주변 나라들과 관계가 원만해지고, 북한과의 적대적 관계가 완화되고, 결국에 한반도에 예기치 못한 상황이 발생하였을 때 모든 일이 정의롭고 평화적으로 진행되는 것이 아닐까 한다.

그런 역사의 흐름을 타고 하나님의 나라가 이 땅에 견고하게 자리를 잡고 뿌리를 내리게 되는 결정적 계기를 만드는 일이 될 것이다. 하나님의 카이로스의 순간은 준비하는 개인, 가정 및 국가에 임하게 된다.

우리의 준비는 질서를 잡는 것에서 시작될 것이다. 개인의 삶에 질서가 있어야 하고, 국가의 삶에도 질서가 있어야 한다.

'질서는 아름답다'는 구호도 있듯이, 사회의 모든 영역에 질서가 잡히면 삶의 질은 한층 고양되고 사는 맛도 깊어질 것이다.

질서는 지도자가 지도자다움을 회복해야 바로 서게 된다. 부모는 부모답고, 선생은 선생답고, 정치지도자는 정치지도자 다운 모습을 회복하는 것이다.

생활 현장에서 질서를 실천해야 할 영역이 많이 있지

만, 우리의 정신세계와 영적세계에도 질서는 확립되어야 한다. 하나님은 질서의 하나님이시고, 사탄이 노리는 것은 질서 파괴와 혼돈이기 때문이다.

지도자가 지도자의 모습을 잃으면 혼돈과 대립과 분열과 반목이 초래된다. 지도자가 부패하고 신뢰를 잃으면 그의 지도 아래에 있는 사람들이 고통을 당하게 된다.

그래서 우리는 '높은 지위에 있는 모든 사람'을 위한 중보의 기도를 해야 한다. 중보기도가 열정적인 현실참여인 이유가 여기에 있다.

최근에 한국 사회의 지도자로 추대된 사람들의 면모를 보면 그들이 질서를 세우고 카이로스의 순간을 준비할 적임자들인가 의심이 간다.

지도자들이 성인군자이기를 기대함은 무리일 수 있지만, 적어도 지도자다운 지도자는 되어야 하지 않겠는가?

지도자들을 위해 중보기도를 해야 할 시점이다. 이것이 이 땅을 향하신 하나님의 결정적인 순간을 준비하는 성도들의 사명이다.

백발白髮과 백설白雪

이곳 보스턴 지역에 눈이 내렸다.

창밖의 나뭇가지에 눈이 내려앉아 만드는 설경은 가히 신비스럽다. 얼마 전까지만 해도 빽빽이 둘러친 나무들이 형형색색의 단풍 색조로 창조주의 영광을 표현하고 있었는데, 어느새 옷을 벗은 앙상한 가지에 눈을 올려놓고 또 다른 신비를 연출하고 있다. 의례히 설경은 흰색인데, 그것이 새삼 기이하게 보였다.

창밖의 설경을 물끄러미 바라보다 한 생각이 올라왔다. 자연과 인간의 삶이 함께 흘러가고 있다는 생각이다.

자연의 백설白雪에서 인생의 백발白髮을 떠올리게 된 것이다. 그리고 자연을 대면하여 찬찬히 바라보고 하나님의 손길을 느껴보는 일에 게을렀던 내 자신에 대한 반성도 올라왔다.

덴마크 코펜하겐에서 세계 192개국 대표들이 참석한 가운데 제15차 유엔기후변화협약(UNFCCC) 당사국 총회가 열렸다.

기후 온난화 현상을 포함한 세계 기상이변과 그것이 가져올 지구적 재앙에 대한 예측들은 이미 널리 알려져 있다. 특히 최근에 들어 지구 종말에 대한 불길한 이야기들이 영화로 제작되어 사람들의 마음을 뒤숭숭하게 만들고 한 해를 보내는 마음도 그다지 명랑하지 못하게 만들고 있다.

세계기상기구(WMO)에 따르면, 1850년 통계 작성을 시작한 이후 2000-2009년이 가장 따뜻한 10년이었고, 지난해 이산화탄소, 메탄, 일산화질소 등 온실가스 배출량은 산업화 시대가 시작된 이후 최고치를 기록했다고 한다.

코펜하겐 총회에서 뭔가 가시적인 협의와 실천방안이 만들어지길 기대해 본다.

고대 사람들은 창조세계에서 일어나는 변화가 인간 삶에 직접 연관이 있다는 유기적 관점을 가졌다.

재앙 혹은 재난에 해당하는 영어 단어 'disaster'를 파자破字해 보면, dis와 aster의 합성이다. aster는 별이라는 뜻이다. 즉, 하늘에 떠 있는 별들의 세계에 질서가 흔들리게 dis 되면 그것이 이 땅에 영향을 주고, 결국 사람의 힘으로 대처할 수 없는 재앙으로 임한다는 것이다.

우주 질서의 혼란이던 기후변화로 인한 자연계의 혼란이던 그것은 곧장 인류의 재난으로 직결되어질 것이다. 이 단어를 누가 처음 고안하여 사용했는지 모르나, 한 단어에 담긴 깊은 우주적 통찰이 그저 놀랍기만 하다.

우리가 세상을 근접하여 대면하고 관찰해 보아야 할 이유가 여기에 있다.

자연 질서와 계절의 순환을 보면서, 그리고 철을 따라 세상의 색조가 변하는 것을 보면서 인생을 향하신 하나님의 뜻과 섭리도 감지할 수 있어야 한다.

공해로 인해 하늘 색깔이 푸른색에서 회색으로 변하는 것이 사람들에게 주는 메시지가 있다. 서울에 살면서 남산의 푸름이 낯설게 보일 정도로 공해 문제로 시달려야 하는 현실은 우리 삶에 이상 징후가 있음을 경고해준다.

인간의 자기확대 욕망과 성장논리에 사로잡혀 자연과 더불어 살지 못하고 오히려 훼손하는 인간의 우매함과 죄악성이 크고 명확하게 드러나고 있지만, 그것이 우리 귀에 들리지 않고 우리 시야에 들어오지 않는다.

자연을 잘 가꾸고 돌보는 것이 결국 우리 자신을 돌보는 것이라는 사실이 우리의 의식에 깊숙이 들어오게 되길 바랄 뿐이다.

"하나님이 세상을 이처럼 사랑하사"

우리도 하나님의 작품인 세상을 사랑하는 마음을 품어야 한다.

사랑하면 바라본다. 사랑이 없으면 쳐다보기도 싫어진다. 우리가 살고 있는 자연을 차분히 바라보고 자연의 소리에 귀를 기울이지 않음은 사랑이 없기 때문이다.

우리 주변의 자연을, 우리가 살고 있는 세상을 바라보면서 사는 여유를 회복하면 좋겠다. 그와 더불어 동일 시간대와 공간을 함께 공유하고 움직이고 만나는 사람들도 바라볼 수 있으면 좋겠다. 가까이 살고 있는 사람들은 특별히 자세히 주목하여 볼 일이다.

관심과 사랑의 마음으로 세상과 주위 사람들을 바라본다면 그 가운데 운행하시는 하나님의 동선을 발견하는 기쁨도 발견하게 될 듯 싶다.

올 들어 처음으로 접하는 설경이 왠지 새삼스럽게 소중하고 친근하게 다가온다. 아마도 지구가 점점 온난해진다고 해서 더 그렇게 느껴지는 건 아닐까.

3부

한국에서

(2011–2018)

시온의 영광이 빛나는
아침을 그리워하며

시간이 지나면

조선도 다른 나라 사람들과 마찬가지로

문명한 나라가 될 것이다.

우리 겨레도 어느 날인가는

자유에 대해서 말을 하고

자유를 누릴 날이 올 것이다.

그리고 오늘의 세대가 당하던 예속의 아픔을

웃음으로 회고할 날이 올 것이다.

그렇다.

이 모든 꿈이 이루어질 날은 올 것이다.

아! 달라진 조선의 모습을 보기 위해서

내가 100년 후에 다시 조선에 되살아오고 싶구나.

이것은 윤치호 선생이 외국 유학을 마치고 귀국하면서 쓴 글의 한 대목이다. 일본 제국주의에 망해버린 조선의 현실을 개탄하면서 100년 뒤에 도래할 새로운 세상을 향한 꿈을 말하고 있다.

윤치호 선생은 개인적으로 기구한 일생을 살았다. 구한말 지식인으로 미국에서 유학하였고 명문 에모리 Emory 대학에서 신학을 공부했다. 미국에 머물던 1910년에는 스코틀랜드의 에든버러 Edinburgh에서 열렸던 세계선교대회에 옵서버 자격으로 초청을 받아 다녀왔다.

귀국해서 YMCA를 세우고 민족 계몽을 위한 활동을 활발히 전개하였다. 하지만 일제 말기에 친일 행적을 보였고 그 여파로 해방 후 자신의 친일 행적을 사과하고 자결하는 아쉬움을 남기기도 했다.

이 글을 읽으면 현실의 아픔과 고통을 부둥켜 안고 살

아야 했던 우리 선조들의 절규가 귀에 들리는 듯하다.

미개한 나라의 출신으로 외국 사람들의 멸시를 당해야 했고, 나라의 주권과 자유를 잃고 국제적인 미아 신세로 타향을 떠돌아야 했던 수많은 민족 지사들의 가슴에 켜켜이 쌓여 있던 나그네 설움이 고스란히 느껴지기도 한다.

하지만 그 시대를 살았던 사람들의 가슴에는 조선의 미래에 대한 꿈이 있었고, 그 꿈이 이루어질 것에 대한 믿음과 확신이 있었다. 그래서 일제 치하에서 교회는 출애굽의 이야기를 끊임없이 되새김질 했던 것이다.

윤치호 선생이 말한 100년 후 세상이 얼추 지금쯤이 아닐까 싶다. 시간이 지나 조선은 문명한 나라도 되었고, 자유를 누리며 예속의 아픔을 웃음으로 회고할 수 있을 정도의 여유도 찾았다. 하지만 마음 한 켠에는 100년 후에 이루어질 꿈을 꾸었던 윤치호 선생이 지금 다시 살아 돌아와 '달라진 조선의 모습' 우리의 현실을 보았을 때 어떤 말을 할지 자못 궁금하기도 한다.

지금이야말로 꿈을 꾸는 사람들이 일어나야 할 때가 아닌가 싶은 생각이 들기 때문이다. 오늘의 현실을 통탄하면서 새로운 세상을 꿈꾸는 사람들, 사람답게 살 수 있는 그런 세상을 미리 앞서 바라보고 만들어가는 사람들, 민족의 흥망성쇠를 자신의 온 몸에 짊어지고 고군분투하는 사람들, 100년 후에 올 세상의 씨앗을 지금 뿌리는 사람들, 시온의 영광이 빛나는 아침을 그리워하며 광야에 화초가 피어나길 학수고대하며 살아가는 사람들, 이제 우리에게도 그런 사람들이 일어나야 한다.

윤치호 선생의 꿈은 외국을 둘러보며 견문을 넓히고 세상사는 지평이 확장되었기에 가능했을 것이다.

우리의 꿈은 말씀의 세계를 둘러보고 영적 견문을 넓히고 하늘 지평의 시각으로 우리의 현실을 바라볼 때 생겨 날 수 있을 것이다.

시대를 계몽하고 변화시키는 그런 꿈, 우리 모두의 꿈이 되기를 기대해 본다.

이심전심이
행복한 가정을 만든다

영어를 사용하는 80대 어르신 세 분이 대화를 하고 있었다.

A : Today's windy day.

　　(오늘 바람이 좀 부는 날이네)

B : Today is not Wednesday, but Thursday.

　　(오늘은 수요일이 아니고 목요일일세)

*'windy day'(바람 부는 날)이라고 한 것을 'Wednesday'(수요일)로 잘못
들었다.

C : If you are thirsty, let's go and get some drink.
　 (목이 마르면 어디 가서 뭘 좀 마시세)

*'Thursday'(목요일)을 'thirsty'(목마른)으로 잘못 들었다.

물론 이것은 우스개로 지어낸 말일 것이다. 그러나 한
편으론 나이가 들고 청력이 약해지면 이런 대화도 있을
수 있겠다는 생각이 든다. 우리 주위에 청력이 약해져서
엉뚱한 해석으로 소통이 굴절되는 경우는 허다하다.

교수로 재직할 때 학생들에게 꼭 가르쳐 주려고 애쓴
내용이 있다. 그것은 다른 학자의 논문을 읽고 저자의 주
장은 무엇인지 찾아내도록 하는 훈련이다. 왜냐하면 대
부분의 학생들이 저자의 본래 의도를 읽지 못하고 자기
생각을 저자의 생각이라고 엉뚱하게 잘못 말하는 경우가
많기 때문이다.

우리의 사는 모습도 그렇다. 사람들과 의사소통을 하
는 과정에서 내가 본래 말한 그대로 전달되지 않을 때가

있다. 말이나 의도가 바르게 전달되지 않고 중간에 들은 사람 자신이 생각한 뜻이 전달되기도 한다.

그런 식으로 두 세 단계 지나면 원래 한 말과 의도와는 전혀 다른 엉뚱한 말이 전파되는 경우가 있다. 그런 경우에 유언비어와 괴담이 생산된다. 유언비어나 괴담이 생산되고 유통되는 사회는 건강하지 않다. 사회가 건강도가 떨어지게 되면 유언비어와 괴담이 난무하게 된다.

겉으로 투명하게 드러난 말과 속에 있는 의도가 큰 훼손을 당하지 않고 그대로 전달되는 사회가 건강한 사회, 질서 있는 사회이다.

우리는 매년 5월을 가정의 달로 기념한다. 의례적이고 형식적인 기념이 아니라 가정의 소중함을 되살리는 절호의 기회가 되었으면 한다. 수많은 가정이 갈등과 어려움을 겪고 있는데, 그 핵심에 소통의 부재가 있다.

상대방의 말을 잘못 알아듣거나 전달하려는 뜻을 잘못 파악한 상태에서 대화를 가지게 되면 오히려 더 답답해지고 대화를 멈추게 되고 감정이 상하게 되고 관계가 끊어지기도 한다.

남편과 아내, 부모와 자녀 사이에 쌍방 간 청력과 독해력이 향상되기를 바란다. 상대방의 말을 정확하게 듣고, 상대방이 전달하려는 말뜻을 굴절 없이 해독해 내는 기본자세를 회복하면 가정의 많은 문제가 해결되지 않을까 싶다.

굳이 많은 말을 하지 않아도 상대방의 의중을 알아챌 수 있다면 더 바랄 것이 없을 것이다.

마음과 마음이 서로 통해야 가능한 일이다.

가정의 달에 각 가정마다 이심전심以心傳心의 실력을 쌓아서 서로를 이해하고 배려하고 섬기고 사랑하는 가정을 멋지게 이루어 가기를 바란다.

대화합시다

가정을 행복하게 만드는 가장 큰 비결은 무엇일까?

최근 보도에 따르면 부부가 하루에 가지는 대화 시간이 평균적으로 10분 안팎이라고 한다. 그것도 가슴을 터놓고 하는 대화가 아닌, 그저 일상 대화 차원이라고 한다.

이혼하는 부부의 가장 큰 문제점은 대화의 결핍이다. 가슴에 있는 작은 불만의 씨앗을 제거하는 기술이 없으면 관계가 어려워진다. 하지만 속내를 드러내고 대화로 해소할 줄 아는 부부라면 어떤 갈등도 다스릴 수 있다.

날씨나 아이들 이야기, 그날 있었던 속상한 일 등을 지나치듯이 나누는 것이 대화가 아니다. 부부가 서로 몸과 마음의 상태, 생각하고 고민하고 있는 내용 등을 나눌 수 있어야 한다.

많은 부부가 이런 대화를 쑥스러워한다. 대화하는 방법을 익히지 못해서 그런 것 같다. 대화하는 것도 기술이고 예술이어서, 초보 단계부터 배우고 실천해 보아야 한다. 그래야 가정에서 일어나는 적지 않은 갈등을 잠재울 수 있다.

평소에 느끼는 것이나 사소한 불만을 자연스럽게 대화로 풀고 해소하지 못하면 그것이 쌓여 있다가 언젠가 파괴적인 방식으로 분출될 것이다.

대화에서 가장 중요한 것은 상대방의 말을 경청하는 것이다. 하루 일상 가운데 시간을 확보하고 서로의 감정, 자녀들의 삶, 갈등과 스트레스, 지적 관심사 및 깨달은 말씀과 실천에 힘쓰는 부분 등 다양한 주제로 대화를 넓혀갈 수 있다.

하나님은 대화에 능통하시고 대화를 기뻐하신다.

하나님은 "오라 우리가 서로 변론하자"며 우리를 대화의 장으로 초대하신다. 대화를 통해 주홍 같은 죄도 눈과 같이 희어질 것이고 진홍 같이 붉은 죄도 양털 같이 희게 될 가능성을 열어 주셨다. 그것은 하나님과 사이의 관계를 회복하는 실마리를 제공한다.

각 가정마다 대화의 장이 열려서 갈등과 불만과 긴장이 모두 풀어지고 아름답고 행복한 관계가 회복되는 기쁨이 있기를 소망해 본다.

탁월한 지도자
리콴유(1923-2015)를 생각하며

　싱가포르의 리콴유 전前 수상이 세상을 떠났다.

　리콴유는 1959년 36세로 자치정부의 초대 총리에 오른 범상치 않은 인물이었다. 그는 1965년 싱가포르가 독립하면서 초대 총리가 되었고, 빈곤과 무질서가 판치던 싱가포르를 전 세계에서 가장 부유하고 깨끗한 나라 중 하나로 일구어 내었다.

　작은 도시 국가의 지도자였으나, 리콴유는 온 국민의 절대적 신뢰와 지지를 받으며 정치적 영향력을 발휘한 특별한 지도자였다.

리콴유가 그처럼 온 국민의 사랑과 지지를 받은 데는 이유가 있다.

첫째로, 리콴유는 청렴한 지도자였다.

싱가포르에 사는 동안 부정부패와 비리를 찾아볼 수 없는 사회의 진면목을 볼 수 있었다. 오늘날에도 이렇게 청렴한 사회질서가 가능할까 싶을 정도로 인상이 깊었다. 이는 전적으로 국가 지도자인 리콴유와 공직자들이 높은 청렴도를 유지해 주었기에 가능했다.

리콴유 총리는 자신이 죽으면 자신의 집을 허물어 버릴 것이라고 발표했다는 이야기를 듣고 리콴유라면 충분히 그럴 분이라는 생각이 들었다.

둘째로, 리콴유는 인재를 키우는 지도자였다.

싱가포르는 국가의 장래를 짊어질 유능한 인재 양성에 총력을 기울였다. 외부인이 보기에는 지나치다 싶을 정도로 철저한 재능위주사회 meritocracy 를 만들었다.

하지만 그것은 개인과 집단의 이기주의를 부추기는 것이 아니라 미래를 책임질 인재를 키우는 제도적 장치였고 싱가포르처럼 작은 규모의 도시 국가에 적합한 생존전략이었다.

셋째로, 리콴유는 시대를 앞서 보는 탁월한 경영 능력을 지닌 지도자였다.

리콴유는 싱가포르의 발전을 위해 외국 인재들 foreign brains 을 적극 영입하는 개방적 경영을 도입하였다. 싱가포르의 공용어로 영어를 채택한 것도 그러한 국가 경쟁력 제고의 한 방안이었다.

다양한 국제기구의 아시아 본부들이 싱가포르에 대거 집결해 있는 것도 이러한 국가 경영 전략의 산물이 아닐 수 없다.

리콴유의 삶과 업적은 한국 사회와 교회에도 잔잔한 감동과 도전을 주기에 충분하다. 우리에게도 높은 윤리 의식과 실천의 본을 갖추어 국가적 차원에서 인재를 양성하고, 시대를 앞선 탁월한 국가 경영으로 국제 사회에서 위상을 드높이는 지도자다운 지도자가 등장하길 소망해 본다.

올 가을에는

얼마 전 우연히 〈아리랑〉 Arirang TV 영어 방송을 보았다. 어느 할머니에 대한 이야기를 특집으로 다루고 있었는데 제목이 'Women of Two Lands'(두 나라에 속한 여인들)이었다.

올해 86세이신 주인공 할머니는 일본인 아버지와 한국인 어머니 사이에서 태어났다. 열 두 살까지 일본에서 살았다. 그러다가 부모가 이혼하면서 어머니와 함께 한국에 건너와서 평생을 살게 된 분이었다.

방송은 그 할머니의 한국인 어머니가 일본인 시댁 식

구들로부터 얼마나 학대를 받고 살았는지, 그 어머니가 밤새 울던 날들이 얼마나 많았는지, 한국에 와서는 또 얼마나 많은 어려움을 견디며 살아야 했는지 등을 덤덤히 서술하고 있었다.

그 이야기를 따라가던 내게도 눈물이 핑 돌았다. 할머니가 일본에 살고 있는 동생을 찾아가 만나는 장면에서는 그야말로 가슴이 먹먹해졌다. 누이는 한국어로, 동생은 일본어로 서로 대화하는 장면은 말로 다 설명하기 어려운 장면이었다.

일제 강점기와 해방 이후, 서로 다른 두 나라에 살아야 했던 자매의 비운의 삶의 이야기가 계속 눈앞에 아른거려 며칠 동안 마음이 숙연했다.

그 프로그램을 보면서 '어쩌면 날마다 우리 곁을 스쳐 지나가는 평범한 이웃 사람들의 삶에도 이렇게 처절한 이야기들이 농축되어 있겠구나' 싶은 생각이 들었다. 더불어 우리 이웃을 그런 예사롭지 않은 시각으로 바라볼 수 있다면 좋겠다는 생각도 해 보았다. 그러면 서로를 존중하고 소중하게 여기는 마음이 저절로 일어나지 않을까 싶다.

올 가을에는 우리 곁에 있는 한 사람 한 사람을 그렇게 그윽한 시선으로 바라볼 수 있는 여유를 가져보면 어떨까.

겨울 덕분이라

이제 다시 봄이다.

겨우내 쓸쓸했던 천지가 한꺼번에 깨어나는 듯 온통 새로운 기운이 역력하다. 참으로 기이한 것은 천지 곳곳에 숨어있던 생명력이 일시에 솟구쳐 올라오는 현상이다.

개나리, 진달래, 벚꽃, 목련 등 각종 아름다운 꽃들이 피어나고, 앙상했던 나뭇가지들에 푸름이 올라오는 모습을 보면, 마치 자연계 전체가 서로 소통하고 봄의 도래를 동시상영으로 중계하는 것은 아닌가 하는 생각도 든다.

이러한 생명이 움틀 수 있는 것은 모두 겨울 덕분이다.

한 해 동안 온갖 풍상을 견디며 지내야 했던 삶의 무게를 훌훌 내려놓고 텅 빈 가지로 한없이 초라해진 나무들, 울창했던 숲으로 가려 있던 자연의 속내를 민망할 정도로 훤히 드러내는 자기 비움, 살을 에는 듯 한 통증이 난무하는 매서운 계절을 견디고 버텨야 했던 시간들, 마치 모든 것이 죽은 것같이 적막하고 어둠이 무척이나 길게 느껴졌던 고난의 시간들, 이런 자기 비움과 긴 어둠 속에서 새로운 생명이 잉태되고 만물의 갑작스런 부활이 준비되고 있었던 것이다.

그러기에 봄에 솟아나는 생명의 향연은 긴 겨울을 지나면서 차곡차곡 설계되고 잉태된 것이다.

우리의 삶도 자연의 신비로운 순환에 동참하고 있음은 두말할 나위도 없다.

고난과 역경, 시련과 슬픔을 통과하면서 자기 비움, 자기 부인, 자기 죽음이 실천되고, 인내를 배우고, 어둠을 견디는 내성이 만들어진다. 그리고 그 속에서 새로운 꿈과 비전이 잉태되고 부활의 새날이 도래하는 경험을 하게 된다.

우리의 삶에도 겨울은 찾아온다. 그러나 겨울 덕분에 우리의 삶이 새롭게 될 것이라는 소망을 가져 본다.

겨우내 자기 비움을 통해 새 봄의 생명을 준비하는 자연의 순리와 같이, 우리도 자기 비움을 통해 드디어 새 계절을 맞이하게 될 것이다.

부활

톨스토이의 〈부활〉이라는 장편소설이 있다.

주인공 네흘류도프 공작은 젊은 시절 고모 집에 놀러 갔다가 하녀 카추샤를 겁탈하고 돈을 쥐어 주는 방탕한 청년이었다. 카추샤는 아이를 갖게 되고 주인집에서도 쫓겨나 창녀로 전락한다.

오랜 세월이 흘러 어느 살인 사건의 배심원으로 출석한 네흘류도프는 범인으로 구속된 카추샤와 재회하게 되고, 자신이 그녀의 삶을 추락하게 만든 원인이었다는 양심의 가책을 느낀다. 카추샤는 죄가 없음에도 불구하고 유죄 판결을 받아 시베리아로 추방당한다.

네흘류도프는 그녀를 구출하여 결혼하기로 결심하고 함께 시베리아로 떠난다. 이전의 화려하고 타락한 생활을 벗어던지고 새로운 시선으로 세상을 바라보고 새로운 가치를 추구하는 사람으로 변화가 일어난 것이다.

톨스토이는 타락하고 불의한 세상은 죽고 새로운 세상의 부활을 기대하는 자신의 소망과 시대 고발을 네흘류도프를 통해 형상화하였다.

네흘류도프의 급격한 변화가 비현실적이며 지나치게 이상적이고 낭만적이라는 지적도 있다.

하지만 온갖 기득권을 누리며 부정부패를 일삼고 사리사욕을 탐하는 인간들을 보면서 톨스토이는 세상과 타협하지 않는 사람다운 사람의 출현을 기대했던 것 같다.

어디 톨스토이뿐이겠는가!

오늘 우리 시대에도 부활에 대한 기대는 한껏 고조되어 있다. 사람답게 사는 세상에 대한 꿈을 접은 채 세상과 타협하며 하루하루를 채우기에 분주한 사람들, 세상이 주는 안락에 도취되어 이웃의 고통은 외면해 버리는 소시민들, 사회정의를 짓밟고 부정부패와 도둑질을 일삼으면서도 양심의 가책이라곤 도무지 보이지 않는 지도자들.

이들 모두 네흘류도프처럼 새롭게 부활했으면 하는 기대가 있다. 이 세상이 살만한 곳으로 변화되었으면 하는 그런 기대 말이다.

네흘류도프가 카추샤를 만나 부활하였다면 예수님을 만난 사람은 더 뚜렷하게 부활해야 하지 않을까?

죄가 없으신 예수님께서 우리의 죄 때문에 십자가 대속의 죽음을 택하셨다는 사실이 양심에 스며들어 진심으로 가책을 느낀다면 부활이 현실이 되어 있어야 하지 않을까?

이러한 기대가 비현실적, 이상적, 낭만적인 것으로 치부되지 않기를 바라는 마음 간절하다.

방심하지
맙시다

흐르는 시간의 길목에 서서

초판1쇄 2021년 11월

지은이 이문장

발행인 백성주
편집인 남은경
기획홍보 전세진 조인애 최명옥
마케팅 정성엽
북디자인 디자인-춤

발행처 작은소리
등록번호 736-92-00462 제2017-000002호
주소 경기도 구리시 한다리길 49
전화 031 550-5518
팩스 031 552-8017
메일 asmallvoice@naver.com

ISBN 979-11-960374-6-8
ISBN 979-11-960374-4-4